/科技部推荐优秀科普图书/

科举万象

总顾问　冯天瑜　钮新强
总主编　刘玉堂　王玉德

朱志先 著

长江文明馆献辞
（代序一）

冯天瑜

> 无边落木萧萧下，
> 不尽长江滚滚来。
> ——杜甫《登高》

江河提供人类生活及生产不可或缺的淡水，并造就深入陆地的水路交通线，江河流域得以成为人类文明的发祥地、现代文明繁衍畅达的处所。因此，兼收自然地理、经济地理、人文地理旨趣的流域文明研究经久不衰。尼罗河、幼发拉底—底格里斯河、印度河、恒河、莱茵河、多瑙河、伏尔加河、亚马孙河、密西西比河、黄河、珠江等河流文明，竞相引起世人关注，而作为中国"母亲河"之一的长江，更以丰饶的自然秉赋、悠远深邃的文化积淀、广阔无垠的发展前景，理所当然成为江河文明研究的翘楚。历史呼唤、现实诉求，长江文明馆应运而生。她以"长江之歌 文明之旅"为主题，以水孕育人类、人类创造文明、文明融于生态为主线，紧紧围绕"走进长江"、"感知文明"和"最长江"三大核心板块，利用现代多媒体等手段，全方位展现长江流域的旖旎风光、悠久历史和璀璨文明。

干流长度居亚洲第一、世界第三的长江，地处亚热带北沿，人类文明发生线——北纬30°线横贯流域。而此纬线通过的几大人类古文明区（印度河流域、两河流域、尼罗河流域等）因副热带高压控制，多是气候干热的沙漠地带，作为文明发展基石的农业仰赖江河灌溉，故有"埃及是尼罗河赠礼"之说。然而，长江得大自然眷顾，亚洲大陆中部崛起的青藏高原和横断山脉阻挡来自太平洋季风的水汽，凝集为巫山云雨，致使这里水热资源丰富，最适宜人类生存发展，是中国乃至世界自然禀赋优越、经济文化潜能巨大的地域。

长江流域的优胜处可归结为"水"—"通"—"中"三字。

冯天瑜

一、淡水富集

长江干流、支流纵横，水量充沛，湖泊星罗棋布，湿地广大，是地球上少有的亚热带淡水富集区，其流域蕴蓄着中国35%的淡水资源、48%的可开发水电资源。如果说石油是20世纪列国依靠的战略物资，那么，21世纪随着核能及非矿物能源（水能、风能、太阳能等）的广为开发，石油的重要性呈缓降之势，而淡水作为关乎生命存亡而又不可替代的资源，其地位进一步提升。当下的共识是：水与空气并列，是人类须臾不可缺的"第一资源"。长江的淡水优势，自古已然，于今为烈，仅以南水北调工程为例，即可见长江之水的战略意义。保护水生态、利用水资源、做好水文章，乃长江文明的一个绝大题目。

二、水运通衢

在水陆空三种运输系统中，水运成本最为低廉且载量巨大。而长江的水运交通发达，其干支流通航里程达6.5万千米，占全国内河通航里程的52.5%，是连接中国东中西部的"黄金水道"，其干线航道年货运量已逾十亿吨，超过以水运发达著称的莱茵河和密西西比河，稳居世界第一位。长江中游的武汉古称"九省通衢"，即是依凭横贯东西的长江干流和南来之湖湘、北来之汉水、东来之鄱赣造就的航运网，成为川、黔、陕、豫、鄂、湘、赣、皖、苏等省份的物流中心，当代更雄风振起，营造水陆空几纵几横交通枢纽和现代信息汇集区。

三、文明中心

如果说中国的自然地理中心在黄河上中游，那么经济地理、人口地理中心则在长江流域。以武汉为圆心、1000千米为半径画一圆圈，中国主要大都会及经济文化繁荣区皆在圆周近侧。居中可南北呼应、东西贯通、引领全局，近年遂有"长江经济带"发展战略的应运而兴。长江经济带覆盖中国11个省（市），包括长三角的江浙沪3省（市）、中部4省和西南4省（市）。11省（市）GDP总量超过全国的4成，且发展后劲不

冯天瑜

可限量。

　　回望古史，黄河流域对中华文明的早期发育居功至伟，而长江流域依凭巨大潜力，自晚周疾起直追，巴蜀文化、荆楚文化、吴越文化与北方之齐鲁文化、三晋文化、秦羌文化并耀千秋。龙凤齐舞、国风—离骚对称、孔孟—老庄竞存，共同构建二元耦合的中华文化。中唐以降，经济文化重心南移，长江迎来领跑千年的辉煌。近代以来，面对"数千年未有之大变局"，长江担当起中国工业文明的先导、改革开放的先锋。未来学家列举"21世纪全球十大超级城市"，依次为：印度班加罗尔、中国武汉、土耳其伊斯坦布尔、中国上海、泰国曼谷、美国丹佛、美国亚特兰大、墨西哥昆坎—图卢姆、西班牙马德里、加拿大温哥华。在可预期的全球十大超级城市中，竟有两个（武汉与上海）位于长江流域，足见长江文明世界地位之崇高、发展前景之远大。

　　为着了解这一切，我们步入长江文明馆，这里昭示——

　　一道天造地设的巨流，怎样在东亚大陆绘制兼具壮美柔美的自然风貌；

　　一群勤勉聪慧的先民，怎样筚路蓝缕，以启山林，开创丰厚优雅的人文历史。

　　（作者系长江文明馆名誉馆长、武汉大学人文社科资深教授）

一馆览长江　水利写文明
（代序二）

钮新强

　　"你从雪山走来，春潮是你的风采；你向东海奔去，惊涛是你的气概……"一首《长江之歌》响彻华夏，唱出中华儿女赞美长江、依恋长江的深厚情感。

　　深厚的情感根植于对长江的热爱。翻阅长江，她横贯神州6300千米，蕴藏了全国1/3的水资源、3/5的水能资源，流域人口和生产总值均超过全国的40%；她冬寒夏热，四季分明，沿神奇的北纬30°延伸，形成了巨大的动植物基因库，蕴育了发达的农业，鱼儿欢腾粮满仓的盛景处处可现；她有上海、武汉、重庆、成都等国之重镇，现代人类文明聚集地如颗颗明珠撒于长江之滨；她有神奇九寨、长江三峡、神农架等旅游胜地，多少享誉世界的瑰丽美景纳入其中；她令李白、范仲淹、苏轼等无数文人墨客浮想联翩，写下无数赞美的词赋，留下千古诗情。

　　长江两岸中华儿女繁衍生息几千年，勤劳、勇敢、智慧，用双手创造了令世人瞩目的巴蜀文明、楚文明及吴越文明。这些文明如浩浩荡荡的长江之水，生生不息，成为中华文明重要组成部分。

　　人类认识和开发利用长江的历史，就是一部兴利除弊的发展史，也是长江文明得以丰富与传承的重要基石。据史料记载，自汉代到清代的2100年间，长江平均不到十年就有一次洪水大泛滥，历代的兴衰同水的涨落息息相关。治国先必治水，成为先祖留给我们的古训。

　　为抵御岷江洪患，李冰父子筑都江堰，工程与自然的和谐统一，成就了千年不朽，成都平原从此"水旱从人、不知饥馑"，天府之国人人神往。

　　一条京杭大运河，让两岸世世代代的子孙受惠千年。今天，部分河段化身为南水北调东线调水的主要通道，再添新活力，大运河成为连接古今的南北大命脉。

　　新中国成立以后，百废待兴，党和政府把治水作为治国之大计，长江的治理开发迎来崭新的时代。万里长江，险在荆

钮新强

江。1953年完建的荆江分洪工程三次开闸分洪，抗击1954年大洪水，确保了荆江大堤及两岸人民安全。面对'54洪魔带来的巨大创伤，长江水利人开启长江流域综合规划，与时俱进，历经3轮大编绘，使之成为指导长江治理开发的纲领性文件。

"南方水多，北方水少，能不能从南方借点水给北方？"毛泽东半个多世纪前的伟大构想，是一个多么漫长的期盼与等待呀。南水北调的蓝图，在几代长江水利人无悔选择、默默坚守、创新创造中终于梦想成真，清澈甘甜的长江水在"人造天河"里欢悦北去，源源不断地流向广袤、干渴的华北平原，流向首都北京，流向无数北方人的灵魂里。

新中国成立以来，从长江水利人手中，长江流域诞生了新中国第一座大型水利工程——丹江口水利枢纽工程、万里长江第一坝——葛洲坝工程、世界最大的水利枢纽——三峡工程。与此同时，沉睡万年的大小江河也被一条条唤醒，以清江水布垭、隔河岩等为代表的水利工程星罗棋布，嵌珠镶玉。这是多么艰巨而充满挑战、闪烁智慧的治水历程!也只有在这条巨川之上，才能演绎出如此壮阔的治水奇观，孕育出如此辉煌的水利文明，为古老的长江文明注入新的动力！

当前，长江经济带战略、京津冀协同发展战略及一带一路建设正加推提速，长江因其特殊的地理位置与优质的资源禀赋与三大战略（建设）息息相关，长江流域能否健康发展关系着三大战略（建设）的成败。因此，长江承载的不仅是流域内的百姓富强梦，更是中华民族的伟大复兴梦。长江无愧于中华民族母亲河的称号，她的未来价值无限，魅力永恒。

武汉把长江文明馆落户于第十届园博会园区的核心区，塑造成为园博会的文化制高点和园博园的精神内核，这寄托着武汉对长江的无比敬重与无限珍爱。可以想象，长江文明馆开放之时，来自五湖四海的人们定将发出无比的惊叹：一座长江文明馆，半部中国文明史。

（作者系长江文明馆名誉馆长，中国工程院院士、长江勘测规划设计研究院院长）

前 言

中国的科举考试从隋唐至晚清，历经一千三百多年，如果从选贤任能的汉代算起，它的时间应该更长。科举制从产生的那刻起，就拥有着很大魅力，引无数读书人竞折腰。而且从其一产生迄于今，世人便对其褒贬不一，进而形成一种专门的学问——科举学。学者们对科举研究的角度很多，有的从宏观角度梳理科举制的发展历程，探讨科举制的影响，分析科举制的弊端；亦有从微观角度考辨某一科中进士几许，分析某状元试卷之构成；还有做断代分析的、区域探究的、家族论述的，不一而足，构成了科举学研究的美丽殿堂。因此，本文所撰就是一个旧课题，不过，即使面对一个旧课题，我们依然可以有新角度、新做法。

学者们对盛产科举世家的江南、江右探究较多，多从科举世家的角度进行区域分析，还有选择某一个科举世家进行深层次的学术探究。但是，很少有学者从宏观的角度俯瞰长江流域的科举文化。在中国的文明的分层中，便有长江文明与黄河文明之分，从文化层面而言长江流域与黄河流域之文化亦有不同。在长达上千年的科举史上，基本上也形成了一江一河的竞争此消彼长、各见其雄的态势。

从产生进士的数量而言，在科举伊始的唐代，北方士子大放异彩，而南方士子则相对黯然。唐末以后，随着政治、经济、文化中心的不断南移，尤其是宋都南迁之后，科举大舞台便成了南方士子们的竞技场。孰不见，有明一代所中状元者，南方占其三分之二还多。甚者，洪武年间出现过一榜录取几乎全部为南方人的情况，由此，迫使统治者改变科举政策，实行南、中、北分卷，定额录取。

长江流域以便利的水运，带来了无限商机，雄厚的经济基础为读书人的应考提供保障。长江流域众多的书院，带动了教育的发展，系统的知识传授为读书人的应考提供智力支持。聪明勤奋的长江流域读书人，创造出一个个科举神话，唐代荆南刘蜕的"破天荒"，宋代冯京的三元及第，明代才华横溢的天才状元杨慎，清代一门三鼎甲的昆山徐氏，这一切构成长江流域科考的美丽画卷。

在这本描述长江流域科举万象的书中，作者以书写科举主体中的个案和家族为主，主要展现长江流域士子们的科举活动，在选择写作对象上，尽量从微观方面关照各个时代、各个区域的科举精英、科举世家，借以彰显长江流域读书人的风采，进而上升到宏观方面去把握这些科举精英、科举世家的成功之道。以介绍科举制度的演变为辅，主要展现长江人在不同历史时期的科举历程。

长江流域的士子们以自己不同的方式展示在科举大舞台上，有夺魁的喜悦，亦有落第的落寞，有鲤鱼跃龙门的快感，亦有败走麦城的伤神，可谓是一项值得书写的文化篇章。由于篇幅所限，在选材上未能将长江流域所有科举现象展现出来，仅能选其代表以言之，这对于全面了解和掌握长江流域的状况，无疑是一种缺憾。但是，读者可以通过我们所选择的典型人物、典型事件，管窥长江流域的举子们的精神风骨。

遗憾的是，笔者才疏学浅，没有能力圆满完整这个篇章，仅能提供一个粗糙的稿子，力图起到抛砖引玉，引起读者们进一步的挖掘探讨。

目 录

前言 / 1

渊源前奏：科举之前夜 / 1
春秋战国的选贤举能 / 2
两汉魏晋的察举征辟 / 4
南北两朝的才地人门 / 7

惊世壮举：科举之开创 / 9
英雄入彀的中举 / 11
善于应制的奇才 / 18
命运各异的科考 / 21

凭才取人：科举之勃兴 / 33
理学一统的科场选拔 / 36
形式各样的进士及第 / 40
少年英才的捷足先登 / 54
英雄白首的漫漫考程 / 60

云蒸霞蔚：科举之鼎盛 / 69

牵动天子的科考 / 71
才华横溢的状元 / 76
人文荟萃的江右 / 94
科第日盛的吴越 / 102

积重难返：科举之垂暮 / 115

汇聚人才的博学鸿词 / 117
荣耀当世的科举世家 / 128
人生百态的文学载述 / 137

结语　泽惠后世：科举之遗响 / 144

主要参考文献 / 148

后记 / 152

渊源前奏：科举之前夜

春秋战国时期，周王室衰微，各诸侯国烽烟四起，征战不已。人才是各诸侯国获取胜利的关键，各诸侯纷纷想方设法选贤举能。及至秦汉魏晋南北朝，对人才的选拔一刻也没有停息。虽然此时期的选士没有一个固定的标准，也缺乏规范的程式，但在选拔士人的要求方面，却为真正科举时代的到来做出了很好的铺垫。

春秋战国时期，周王室衰微，各诸侯国烽烟四起，都想扩大自己的势力范围，征战不已。人才是各诸侯国获取胜利的关键，可谓得人才者得天下。各诸侯纷纷想方设法选贤举能，把人才吸引到自己的属地。经过楚汉战争，一统天下的西汉帝国，屡次下达诏令，要求各地举荐人才。以儒士建国的东汉，更是重视对茂才异士的征辟。魏晋南北时期，由于社会动荡，门阀士族林立，对人才的选拔不仅注重其才华，亦要考虑其出身，以品第论人。虽然，此时期的选士没有一个固定的标准，也缺乏规范的程式，但在选拔士人的要求方面，却为真正科举时代的到来，做出了很好的铺垫。

春秋战国的选贤举能

春秋战国时期（公元前770—前221），诸子蜂起、百家争鸣，诞生了诸多经典，又充斥着血腥的战争。在相互征战中，各诸侯逐渐认识到得人才者得天下。孔子、孟子、荀子、墨子等大家纷纷提出自己选贤的建议，而位居长江流域的吴、越、楚等国的国主为扩大自己的实力，争取霸主地位，也采用了各种选贤政策。

春秋时期，选官都是以血缘为主的世袭制。为打破这种狭隘的人才观，孔子提出"先进于礼乐，野人也；后进于礼乐，君子也。如用之，则吾从先进"。意思是先学习礼乐制度而后当官的，都是没有爵位的平民；先当官而后才学习礼乐的，是世卿大夫的后人，如果让孔子来选用人才，他将会选用"野人"来为官。这在一定程度上表达了要打破世系为

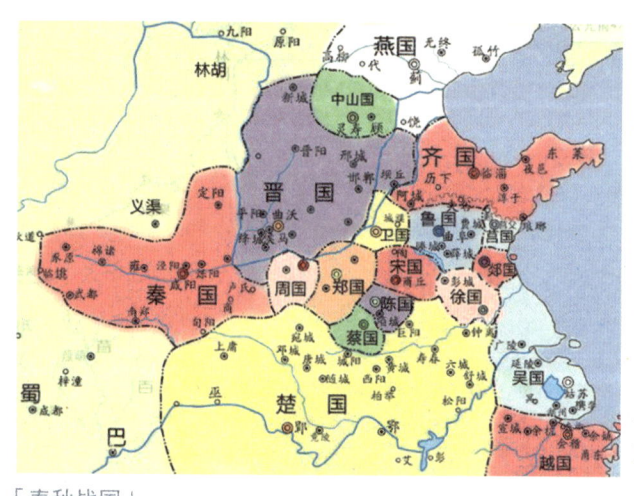

「春秋战国」

渊源前奏：科举之前夜

官、亲亲相及宗法世系制的愿望。同时，孔子指出像柳下惠这样有德有才之人不予以推荐任用，只能说明臧文仲是一个窃据官位的人。这里也明确反映孔子选贤任能的思想。

荀子则更清楚地提出官员的任命，应该"论德而定次，量才而授官"，不要考虑亲疏、贵贱，"唯诚能之求"，即只考虑他的才能。"贤能不待次而举，罢不能不待须而废……虽王公士大夫之子孙也，不能属于礼义，则归之庶人；虽庶人之子孙也，识文学，正身行，能属于礼义，则归之卿相士大夫。"很明确地指出对于有德才的人不必根据等级，要破格予以提拔，对于无德才之人，不必等待立即予以罢免。即便帝王公侯士大夫的后代，倘若不能遵循礼义，就把他们归入平民。即便平民的子孙，如果积累了丰富的知识，品行端正，能遵守礼义，就应把他们提拔为卿相士大夫。

平民革命家墨子也曾言"古者圣王，甚尊尚贤而任使能。不赏父兄，不偏富贵，不嬖颜色。贤者举而上之，富而贵之，以为官长；不肖者抑而废之，贫而贱之，以为徒役。是以民皆劝其赏，畏其罚，相率而为贤者。以贤者众而不肖者寡，此谓进贤。"墨子尊贤使能、不偏宗亲、唯贤是举的主张，对于实现人才的上下流动非常有益。

> 像孔子、荀子、墨子这种举贤用能的思想在春秋战国时期非常盛行，实践也不断证明，只有采用这种政策的诸侯国才会强大。

春秋时期，位于长江流域的吴、越都是重量级的诸侯国，相互之间都想吞并对方。当吴国打败越国，勾践被困于会稽时，越王派文种求和。伍子胥警告吴王如果不趁机灭掉越国，必将留下后患，骄横的吴王没有采用伍子胥的建议。后来，吴王要讨伐齐国，伍子胥指出吴国最大的心腹之患是越国而不是齐国，不要劳师远征，吴王不听劝谏。而被吴王赦免回国

「吴越争霸」

的越王勾践则卧薪尝胆，任用贤人文种、范蠡，励精图治，国力日强，最后打败吴国。当吴王夫差希望越王赦免他时，越王一度有些犹豫。范蠡说："越国为了强大经过二十多年的辛苦积累，怎么能说放弃就放弃呢？上苍给我们这么好的机会，如果不把握好，将来会受到惩罚的。"越王接受了范蠡的建议，吴王夫差只好自刎。越国随后与齐国、晋国会盟于徐州，周天子赐封越王为伯，越国遂称霸于天下。吴越之争，其胜败的重要原因就在于能否合理利用人才，任用贤人。

「楚悼王」

楚国在春秋时期位居大国，为"春秋五霸"之一，随后由于楚国内部不团结，外部不断遭受三晋的骚扰，国力慢慢衰落下来。以至于面对三晋的强攻，毫无对策。楚悼王在位时，很想通过各种治理使楚国恢复以往的大国之风。于是就任命在魏国郁郁不得志而跑到楚国的吴起，掀起了一场轰轰烈烈的变法运动。吴起对外主要是平定百越，扩展楚国的疆土。对内主要从抑制楚国贵族入手，削弱楚国贵族，尤其是封君们的各种特权。大力裁减庸官，提拔有能力的人员为官，"使私不害公，谗不蔽忠，言不取苟合，行不取苟容，行义不顾毁誉"。经过吴起十年的整顿，楚国日益强大，最终成为"战国七雄"之一。

两汉魏晋的察举征辟

汉高祖刘邦经过数年的楚汉战争，初步完成了国家的统一。面对满目疮痍的国家，汉高祖、汉文帝及汉景帝都积极采取各种休养生息的政策，使西汉的国力日益强大起来。同时，治理国家需要大批德才兼备的官员，仅凭汉初的军功贵族是难以满足需要

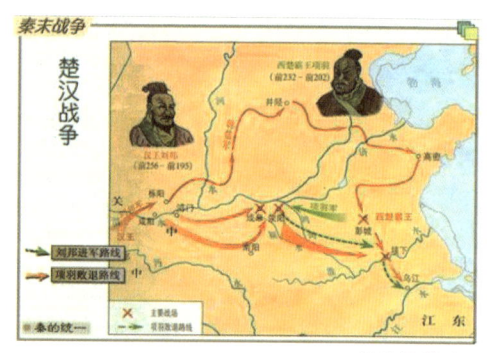

「楚汉战争」

渊源前奏：科举之前夜

的。为此，他们采取察举和征辟的选官制度，来扩大选官的范围和提高官员的素质。察举和征辟制度是汉代重要的选官途径，这些制度一直延续到魏晋。

为了招募人才，汉高祖刘邦在公元前196年下诏：

盖闻王者莫高于周文，伯者莫高于齐桓，皆待贤人而成名。今天下贤者智能岂特古之人乎？患在人主不交故也，士奚由进！今吾以天之灵、贤士大夫定有天下，以为一家，欲其长久，世世奉宗庙亡绝也。贤人已与我共平之矣，而不与吾共安利之，可乎？贤士大夫有肯从我游者，吾能尊显之。布告天下，使明知朕意。御史大夫昌下相国，相国酂侯下诸侯王，御史中执法下郡守，其有意称明德者，必身劝，为之驾，遣诣相国府，署行、义、年。有而弗言，觉，免。年老癃病，勿遣。

汉高祖此诏令，明确告诉天下人周文王、齐桓公之所以能够为王、称霸，主要是凭借贤人的辅佐。而目前海内一统依靠的是各位贤才的支持，但要想把这种局面长久的维持下去，还是要贤良能人的帮助。因此，刘邦郑重许诺所有贤士大夫能够齐心治国的，一定给予高官厚禄，并且要大张旗鼓地宣告，使天下人知晓此事。此诏令下发到各郡守，要求各地对明德贤能之人亲自上门劝说，派专车送到京城，要填写好贤能的履历。对于隐瞒人才不报，或举荐人才不力的官员予以免职。对于年老多病之人，就不必再予以选送。此诏令对于人才选拔的重要性、条件及程序都给予了明确的说明。

> 西汉察举的方式主要通过举荐贤良方正、举孝廉、明经等，东汉则是举茂才，即推荐卓越人才。总体而言，察举就是选拔有品德、有能力、有学识之人。

公元前178年十一月，发生日食，汉文帝下诏"举贤良方正能直言极谏者，以匡朕之不逮"。公元前165年九月，汉文帝"诏诸侯、王公、郡守举贤良能直言极谏者"，"著之于篇，朕亲览焉"。汉文帝对考试应举者的文章亲自审阅，这可以说是中国考试史上有明确记载的笔试的开始。但是察举真正成为一种制度持续执行是在汉武帝时期，公元前140年十月，

「汉文帝」

「汉武帝」

汉武帝下诏："诏丞相、御史、列侯、中二千石、二千石、诸侯相举贤良方正直言极谏之士。丞相（卫）绾奏：所举贤良，或治申、商、韩非、苏秦、张仪之言，乱国政，请皆罢。奏可。"是年应召者有数百人。

汉武帝时，董仲舒提出"罢黜百家，独尊儒术"的建议，使儒学逐渐定为一尊，儒家经学开始成为选官的思想基础和理论根据。从而在察举、征辟、博士弟子课试及茂才等选拔中注重对经学人才的选拔。后来汉武帝专门增设四科：德行、明经、明法、刚毅，使察举人才的标准更明确。

在诏举贤良方正方面，刘海峰《中国科举史》指出西汉从文帝二年（公元前178年）到平帝元始元年（公元1年）的180年间，"共举贤良方正科19次，平均约9.5年举行1次。东汉自光武帝建武六年（公元30年）至桓帝永康元年（公元167年）的138年间，共诏举贤良15次，平均9.2年举行1次。两汉合计举贤良方正34次。"

长江流域的巴蜀、荆楚、吴越之地，在西汉时还属于人才相对匮乏的地区，到了东汉末年，随着北方战乱不断，中原人士开始南渡以及本地社会经济的发展，被察举选中的人才逐渐增多。吴越之地的严忌、严助、严葱奇及朱买臣是被汉武帝以特殊人才征召得官。东汉时期，楚地汝南的袁氏家族、吴地会稽的虞氏、会稽贺氏家族俨然已经成为治经学世族大家。

对于两汉时期被朝廷察举选中的人才分布，王香梅《汉代察举人才地域分布探略》指出，在西汉主要集中于中原地区，其次是益州、扬州、荆州等地。到了东汉，"益州、扬州、荆州等主要位于长江以南的南方各州人才数量增加迅速，甚至有的州超过了一直较有人才分布优势的北方中原地区的一些州，像扬州尤为凸显，由在西汉时人才数量排名第八，到东汉时人才数量与司隶校尉并列排名第二。而扬州地区在东汉后期以后人才飞涨以至于在东汉末期人才数量超过其他的州"。其主要原因是大量有学识的北方人的南迁，如广陵人张纮、固始人胡综、河南人赵达、淮阴人步骘

渊源前奏：科举之前夜

都是在东汉末年为避免战乱，南渡到江东一代授学为生，以及大儒桓荣、第五伦、何武、张霸等扬州官吏在当地大力推广文化。

南北两朝的才地人门

> 南北朝时期，由于南北双方一直处于战乱局面，政权更替不迭，逐渐形成一个个势力集团和新旧贵族，即世家大族。这些高门大姓的家族对朝廷的选官制度带来很大影响，在一定程度上人才选拔的游戏规则就偏向这些豪门。"高门华阀，有世及之荣；庶姓寒人，无寸进之路"，是门阀制度下理想的人才选拔方式。但为了国家政权的长治久安，在选拔人才时除了看重门第，还非常注重才识。

南北朝时期实行九品中正制选拔人才，又称为"九品官人法"，这种制度是源于两汉的察举和征辟，两汉的选择人物的标准是德、才、能。东汉末年，随着战乱，人民四处逃散，无固定之所，以前察举靠乡人评鉴的方法已经难以实行。而南北朝人才的选拔，主要考察德行、家世及才学，基本上先有地方官员对所选人才进行评定，这种官员是各州郡的中正官，由他们负责对备选人员的家世、德才等进行先期考察，"区别人物，等其高下"。分为上上至下下九等，这种等级的划分虽然要考虑德才，但基本上凭借家庭资历。等级划分之后，再对其作一简短评语。评点人物是东汉末年已有的风气，诸如汝南郡人许劭兄弟的"月旦评"。南朝的大中正官员基本都是熟识谱牒，这样在选官时便于把握所选人员的家世状况。

虽然实行九品中正制的选人制度，但门阀贵族并未放弃对儒学的追求，梁武帝、北魏孝文帝等，在选人的标准上已经强调入选者应通经学。另外，南朝时期诗文书法风气比较浓厚，慢慢也渗透到考试中来，由经学取士，转变为经学与文史并重，出现不少因擅长书法而入仕者。

南朝襄阳柳世隆家族便以才艺历仕宋、齐、梁三朝。柳世隆，字颜绪，卒于491年，曾为宋、齐两朝的刺史及尚书令，"善于清谈，擅长弹琴，通晓数术",著有《龟纪秘要》。柳世隆以才艺见长,儿子们在他的熏陶下,各有所长。柳恢(公元462—507年),字文通,是柳世隆次子,历仕齐、梁,"擅长写制文,通音律",少年才俊,和哥哥柳悦被誉为"柳氏二龙",著有《仁政传》。柳恽,字文畅,柳世隆三子,"精通医道、卜筮、弈棋",在南朝齐曾任太子洗马,在梁武帝时任右司马。柳憕,柳世隆四子,字文深,"通晓《老子》和《易》",曾为蜀郡太守。柳世隆家族历仕三朝,俱有才艺,有的精通音律,有的善于棋艺,有的通晓数学,有的擅长作赋。生逢其时,为宋齐梁间显宦世家。

吴郡陆氏是江东地区的世家大族,发迹于三国时吴国的陆逊。刘宋文帝时,陆徽任刺史,为政"清平无私"。陆杲在梁武帝时任御史中丞,《梁书·陆杲》言其"性幸直,无所顾望"。陆厥则"少有风概,好属文"。吴郡陆氏能够显赫于六朝,成为一流的江东世族,源于政治起家,通过长期深厚的文化积淀以及良好的婚姻,维系着吴郡陆氏屹立于江东世族之林。

「梁武帝」

南朝不少皇帝出自寒门,其亲信亦多源自寒门,对旧世族产生很大的冲击。南北朝后期,已经逐渐放低了选举士人的门槛。《梁书·武帝纪》载,天监四年(公元505年),梁武帝下诏曰:"今九流常选,年未三十,不通一经,不得解褐。若有才同甘、颜,勿限年次。"即士人选拔年龄未满三十岁,不通一经者不能入选。天监八年(公元509年)又诏令:"其有能通一经、始末无倦者,策实之后,选可量叙录。虽复牛监羊肆,寒品后门,并随才试吏,勿有遗隔。"这条诏令一定程度上承认寒门子弟具有一定的考试资格。

允许寒门士子参与考试,在一定程度上是对九品中正制的破冰,也预示着科举取士的到来。如苏东坡所言士人的选拔方式,"三代以上出于学,战国至秦出于客,汉以后出于郡县吏,魏晋以来出于九品中正,隋唐至今出于科举。"

惊世壮举：科举之开创

经历两汉魏晋南北朝不同名义、不同规格选拔士人的制度之后，隋朝开启了历经一千多年的科举选士制度。唐代选士制度多循隋制，突破了门阀士族的约束，在相对公平的游戏规则下通过相关考试选拔人才，为众多知识分子开启了进阶之门，同时也为朝廷笼络了大批人才。

经历两汉魏晋南北朝不同名义、不同规格选拔士人的制度之后，隋朝开启了历经一千多年的科举选士制度。隋文帝以"志行修谨、清平干济二科"举人，隋炀帝先后以"孝悌"、"德行"、"节义"、"操履"、"强毅正直"、"执宪不挠"、"学业优敏"、"文才秀美"、"才堪将略"、"膂力骁壮"为标准的"十科举人"及重视学业才艺、膂力超绝、为官勤政、不避强御的"四科举人"，逐渐通过"明经科"、"孝廉科"、"进士科"等进行规范的科举选拔，并且在应举资格、选举期限、考试规程诸方面予以明文规定，在一定程度上改变了以前"上品无寒门，下品无士族"选拔士人的弊端，使社会各阶层通过科举入仕产生了流动。

隋炀帝在位时，比较重视对江南人才的选拔，诸如"出类拔萃，学通南北"的大儒刘焯曾为"太学博士"，刘炫曾为隋炀帝修律令。丹阳建康人诸葛颖为著作郎，"甚见亲幸"；虞绰与虞世南、庾自直、蔡允恭则"常居宫中，以文翰待诏"。

唐代选士制度多循隋制，分史科、明经诸科、进士科及制举诸科。政府对科举非常重视，在仕途升迁方面比较重视进士出身的官员。一般平民百姓倘若能考中进士，将会被免除相关差役赋税，如姚合《送喻凫校书归毗陵》"阙下科名出，乡中赋籍除"。甚者，皇帝亲自参与考核举子。贞观十五年（公元641年），唐太宗下诏令天下举"学综古今"、"儒术通明"之士；唐睿宗景云元年（公元710年），下诏举荐熟识经史、博通三教者，"博采明试，朕亲择焉"；开元十四年（公元726年），唐玄宗下达《求儒学诏》，命令地方长官将精于经史、道德高尚、善于著述之人的情况予以记录在案，以备吏部进行选拔，唐玄宗甚至亲自参加面试，考核举子之能力，根据各人的水平予以奖赏和任用。

科举选士突破了门阀士族的约束，在相对公平的游戏规则下通过相关考试选拔人才，其社会认可度极高，《通典》卷十七有云"进士者，时共贵之"。唐代名相薛元超曾言"吾不才，富贵过分，然平生有三恨：始不以进士擢第，不得娶五姓女，不得修国史。"薛元超把自己未能考中进士作为人生之一大憾事。

「薛元超」

惊世壮举：科举之开创

> 不拘门第的科举，为众多知识分子开启了进阶之门，同时也为朝廷笼络了大批人才。崇尚文学的社会风气，渴望建功立业的入世心理，使科举对读书人产生了很大的诱惑力。

但是，偏离文化中心的巴蜀、荆楚及吴越之地，士子们千里迢迢奔赴都城长安参加科考，要和关陇贵族的后裔、中原文化世家之才俊一起竞争，其难度可想而知。由此，出现了长江流域与黄河流域文人墨客间的交流与竞争，也掀起了中国科举文化史上一段难以磨灭的历史。

英雄入彀的中举

进士科始于隋大业中，盛于贞观、永徽之际，缙绅虽位极人臣，不由进士者，终不为美，以至岁贡常不减八九百人。其推重谓之"白衣公卿"，又曰"一品白衫"。其艰难谓之"三十老明经，五十少进士"。其负倜傥之才，变通之术，苏张之辩说，荆聂之胆气，仲由之武勇，子房之筹画，弘羊之书计，方朔之诙谐，咸以是而晦之。修身慎行，虽处子之不若，其有老死于文场者，亦所无恨。故有诗云：太宗皇帝真长策，赚得英雄尽白头。（《唐摭言》卷一《散序进士》）

上述史料形象描述了唐太宗时期进士在世人心目中的地位，即便显赫名宦、英俊才子皆以考中进士为荣。每逢科考之时，四方举子汇聚于都城长安，其场面可谓壮观。唐太宗曾悄悄来到皇宫最外边的端门口，看到一个个喜形悦色的新科进士从皇宫里走出来，不禁暗自窃喜，曰："天下英雄入吾彀中矣"。的确，通过科举能使众多优秀的人才脱颖而出。

陈子昂（公元661—702年），字伯玉，梓州射洪（今属四川）人。数世为当地土著庄

「唐太宗」

园地主，拥有大量田地，祖上颇有侠义之风，被誉为郡之豪杰、"西南大豪"，由于没有真正在政府部门工作的人员，家族就缺少一定的靠山，仅是土豪而已。陈子昂的父辈有意识地培养子弟在功名上有所突破，借以抬高门第。

> 陈子昂生活在这样一个衣食无忧的家庭，从小受到豪杰家风的影响，做事仗义，敢作敢为，喜欢交游。年近十八才知道发愤读书，数年间，三坟五典、前代正史均能谙熟于心，作诗为文颇具才气，当世著名文人王适见到陈子昂的作品，赞誉道"此子必为文宗矣"。陈子昂的好友卢藏用称陈子昂"崛起江汉，虎视函夏，卓立千古"，"天下翕然，质文一变。"

陈子昂从射洪县学毕业后，便跋山涉水由西南蜀地到长安国子监学习，沿途留下《白帝城怀古》、《度荆门望楚》、《砚山怀古》等名篇，通过"川途去无限，客思坐何穷"、"今日狂歌客，谁知入楚来"、"谁知万里客，怀古正踟蹰"等诗句，可以遥想陈子昂当年独自远离家乡，进入秦川大地，到达政治文化中心——长安的情景。

在国子监学习期间，豁达仗义的陈子昂结识不少朋友，如郭元振、赵彦昭后都来位居宰相。故杜甫面对陈子昂的老宅感叹，"同游英俊人，多秉辅佐权"，"盛事会一时，此堂岂千年"。这些都是若干年后的感怀。陈子昂虽然在国子监学习的表现很好，诗文做的也不错，但要想命中进士，仅靠个人才华还不够，需要有人推荐、造势。实际上唐代科举选士在规范程度上是无法和明清时期相比的，还没有进行糊名，举子们考前都会拜谒名宦，聚会酬唱来宣传自己。陈子昂虽出身门第寒微，在人才荟萃的长安，要想崭露头角并非易事，但他家庭富足，从小善交游，接触的世面也多，非一般书呆子可比。因此陈子昂足智多谋，善于推销自己。

《独异记》中载陈子昂在长安住了10年，仍是默默无闻，不为人知。当时街上有卖胡琴的，要价百万。经常有富豪过来把玩不已，难能辨其真假，不敢下手买。陈子昂突然从人群中走出，招呼自己的佣人，赶快用车载千贯钱过来买这把琴。围观者觉得遇到大土豪了，问道："出这高价买

惊世壮举：科举之开创

把胡琴有何用途？"陈子昂朗声答道："我善于演奏这种器乐。"有喜欢看热闹的便言："能否让我们听一下你的演奏。"陈子昂回答"当然可以"，并说出自己住在宣阳里的具体住址，且言次日有美酒佳肴款待来访者，希望在场者把这个信息再扩大些，来者不拒。在场者当然想目睹一下这个土豪的豪宅，听一下身价百万胡琴的美声，又能尝到免费佳肴，何乐而不为呢。第二天早晨，来了大概上百人，多是当地有名望之人。陈子昂大摆筵席，尽承美味佳酿。酒足饭饱之后，大家都吆喝着要聆听陈氏之演奏。陈子昂缓缓起身，捧起胡琴，走到客人面前，讲道："我是来自蜀地的陈子昂，著有大量诗文，每天拜谒高官显贵，投诗送文，终日忙碌，却不为人所了解。而这把胡琴系劣工所为，为何要重视它呢？"言毕，即举手奋力摔碎古琴。众人目瞪口呆之时，陈子昂把早已准备好的诗文，纷纷赠送给来访者。随之，陈子昂在京城声誉鹊起，备受世人关注。

虽然，陈子昂费尽心思推销自己，无奈难遇伯乐之推荐，最终陈子昂首次科考以落第结束。唯有"卧闻塞鸿断，坐听峡猿愁"，"还因北山径，归守东陂田"，显示陈子昂落第后，心情极其惆怅、消极，多年的抱负，随着科考的败北而烟消云散，留下的无非是"叹息复何言"。

经过几个月的调整，唐高宗永淳二年（公元683年），陈子昂再次赴京，终于命中进士，恰逢善于纳才用人的武则天执政，陈子昂感觉棒极了，似乎一条光明坦途正摆在他面前。陈子昂初次的官职是九品下的将仕郎，但他位卑未敢忘忧国，积极向朝廷进谏。诸如对于唐高宗如何埋葬，陈子昂提出《谏灵驾入京书》；对于武则天提出如何治理国家，稳定民心时，他上奏《谏政理书》、《上军国利害事》等。陈子昂曾言"杀身之害小，存国之利大"，"言必获用，死亦何惊"。陈子昂的积极有为，却未得到很好的回报，有一段时间还因被陷害，锒铛入狱。平反出狱后，曾为官右拾遗，即后世的言官。仕途不顺的陈子昂，只好以归乡侍亲为由，要弃官不仕，朝廷仍要其带官归故里。对于为何归乡，陈子昂《与韦五虚己书》言：

命之不来也，圣人犹无可奈何，况于贤者哉！仆窃不自量，谓以为得失在人，欲竭闻见，抗衡当代之士。不知事有大谬异于此望者……何可言耶！天道之将行也，命也；道之将废也，命也。子昂其如命何！雄笔，雄笔！弃尔归吾东山，无汩我思，无乱我心，从此遁矣！

「陈子昂登幽州台」

一位孜孜功名、渴望报效国家的儒士唯有感慨命运不济,逃离官场逍遥过活。

陈子昂二十几岁便命中进士,应该属于少年得志,但在仕途上却屡屡不顺。而陈子昂的才华在文学上堪称一代名流,可与"初唐四杰"媲美。其《登幽州台歌》"前不见古人,后不见来者。念天地之悠悠,独怆然而涕下!"让世人传唱不衰。清人李调元在《雨村诗话》指出:

唐王、杨、卢、骆四杰,浑厚朴茂,犹是开国风气。自吾蜀陈子昂,始以大雅之音,振起一代,沨沨乎清庙明堂之什矣。昌黎诗云:"国朝盛文章,子昂始高蹈。"信不诬也。吾蜀文章之祖,司马相如、扬雄而后,必首推子昂。

一州两魁

卢肇(公元818—882年),字子发,号文标,江西袁州人(今宜春人),唐武宗会昌三年(公元843年),以状元登进士第,是江西开科以来首位状元,可谓开风气之先,为江右之所崇仰。卢肇颇具文才,著述甚多,但大多散佚,传于世者较少。曾任歙州、宣州、吉州等地刺史。卢肇祖上也曾出过为官者,到了他这一辈已家道中落。卢肇少年立志为儒,尽管家徒四壁,黑夜里没有脂烛照明,靠燃烧的柴禾为光

「卢肇」

进行苦读,打盹片刻,也心存不安。为了读书,也曾有头悬梁锥刺股之举。《唐摭言》记载卢肇和同郡黄颇的故事,言说黄颇家庭富有而卢肇贫寒,当地为官者要为赶考的士子饯行,瞧不起卢肇这位穷儒生,在驿站仅以酒

惊世壮举：科举之开创

肉歌舞招待黄颇。卢肇只好默默绕过驿站，出城十多里等待黄颇。次年，卢肇状元及第荣归故里，刺史以下的官员都远道来迎接这位年轻状元，为以前疏远卢肇感到内疚。并宴请卢肇看龙舟赛，卢肇于宴席上，赋诗道"向道是龙刚不信，果然衔得锦标归"，讽刺这些拍马溜须、阿谀奉承之辈，同时也可以看出卢肇自强不息、奋发有为的倔强性格。

> 卢肇自幼聪慧好学，气度豪迈，名噪一时。十四岁时，拜谒县令卢萼，出口成章，卢萼认为卢肇前途不可限量。对于举业，其有自己的看法。第二次赴考没有考中，其《与王仆射书》言"得之者未必尽贤，失之者未必尽愚"。待命中状元后，作《成名后作》"桂在蟾宫不可攀，功成业就有何难。今朝折得东归去，共与乡闾年少看"。

其所撰《海潮赋》详论钱塘江潮之壮观及其成因，其文采飞扬，为世人赞誉不绝。明代叶涵云赞道"古人可不休，岂藉科第留？三复海潮赋，诚足传千秋"。当世显宦牛僧孺及李德裕都非常看好卢肇，而且李德裕是卢肇科考的座主。《太平广记》载李德裕任宰相时，抑退浮薄，奖拔孤寒，对于朝中权贵结党之人，悉数打击，由是结怨较多，门无宾客。李德裕认为卢肇有奇才，对他很赏识，待以优礼。但卢肇没有为名利奔走，更不会趋炎附势，一生宦海蹉跎。因此，清代袁寿龄作《卢状元肇》赞曰："闲将逸事综前朝，赋就天河与海潮。学术能师韩吏部，功名不觉李文尧。千秋介节传卢石，一代雄才夺锦标。遥望状元洲畔水，风光此日未全消。"甚者称袁州之"文章节义，自肇始"。

易重（公元806—872年），字鼎臣，江西袁州人（今宜春人），唐武宗会昌五年（公元845年），中状元及第，官至大理评事，一生著述颇多。易重从小好学，与卢肇有一定的交往。为了能在科举考试中有一个好成绩，远离家乡六年之久，专心备考。会昌五年（公元845年），中进士第二名。但该科举子认为考试评卷、录取不公，议论纷纷，造成很大的影响。唐武宗对此事很是恼火，于是下诏让命中者重新考试，易重以文采飞扬得到唐武宗的赏识，成为状元，真是"有意栽花花不开，无心插柳柳成荫"。兴奋之余，易重写下《寄宜阳兄弟》，要把这种意外中魁首的消息告诉远在家乡的兄弟们,"六年雁序恨分离,诏下今朝遇已知。上国皇风初喜日,御阶恩渥属身时。内庭再考称文异,圣主宣名奖艺奇。故里仙才若相问,一春攀得两重枝。"

科举诗圣

「孟郊」

孟郊(公元751—814年),字东野,湖州武康人,著名诗人,与贾岛并称,有"郊寒岛瘦"之誉,宋代苏轼、黄裳,明代周珽、清人洪亮吉等学者对其诗评价甚高。

孟郊一生历经坎坷,生活穷困,少年丧父,中年丧子。唐代由于每年录取的进士的名额很少,而参加考试的人员太多,僧多粥少的局面下屡试不第的例子不胜枚举。孟郊出身寒微,但比较有才华,非常渴望能通过考试来改变自己的命运。自湖州远涉长安,所需要的考试成本非一般家庭所能承担,孟郊每一次都是信心满满,希望一举命中。在残酷的竞争中,总是带着希望而来,满含失望而归,这对一个落魄的书生是多么无情的打击。唐德宗贞元七年(公元791年),年届不惑的孟郊由湖州远赴长安参加进士科考试,遗憾落选。但他没有丧失进取之心,直到贞元十二年(公元796年),第三次参加科考才命中进士。素以诗文著称的孟郊希望凭借自己的才华在政治上有所抱负,但通过吏部考试之后仅得到一个溧阳县尉的职位。

孟郊虽然在政治上无甚建树,但其诗文却为后世传唱不衰,开创一代诗风,尤其是其对科举的体会与感悟,更是表达得淋漓尽致。

孟郊首次考试落第后,写下《落第》"晓月难为光,愁人难为肠。谁言春物荣,独见叶上霜。……弃置复弃置,情如刀剑伤。"当别人正享受登第之喜悦时,孟郊作为落第之愁人难言春天之繁荣,惟见叶上之寒霜,心情如刀割一样。贞元九年,孟郊再次落第,含泪书写《再下第》"一夕九起嗟,梦短不到家。两度长安陌,空将泪见花。"再次败北,令孟郊惆怅不已,晚上独自在住处连连叹息,自叹自己命运不济,"三十年来命,

惊世壮举：科举之开创

唯藏一卦中。题诗还问易，问易蒙复蒙。本望文字达，今因文字穷。影孤别离月，衣破道路风。归去不自息，耕耘成楚农。"（《叹命》）本希望通过自己的文采能够出人头地，谁知又难如人愿。以孟郊的水平，倘若有识才显宦的推荐，应该命中无疑。但孟郊出身寒微，又不善于交际，只有感慨"尽说青云路，有足皆可至。我马亦四蹄，出门似无地。玉京十二楼，峨峨倚青翠。下有千朱门，何门荐孤士。"（《长安旅情》）在无人推荐的情况下，考试命中的几率较小，面对现实，孟郊除了感叹命运不济，难遇伯乐，也只好阿Q似的自我安慰，"恶诗多得官，好诗空抱山。"（《懊恼》）自认为考中的不一定就有水平，没有命中并不说明自己的水平不行。

孟郊经过自己的辛勤苦读，"夜学晓未休，苦吟神鬼愁。如何不自闲，心与身为仇"（《苦学吟》），终于获得回报。贞元十二年（公元796年），孟郊第三次千里迢迢奔向自己的伤心地，渴望能改变自己的命运，是年终于考中。兴奋之余，把举子们历经磨难，一朝命中的心态，通过《登科后》予以尽情展现。

"昔日龌龊不足夸，今朝放荡思无涯。春风得意马蹄疾，一日看尽长安花。"命中进士后，以往的辛酸悲苦如过往烟云，孟郊的心中满是春风得意，落第时的"叶上霜"变成了充满喜庆的"长安花"。

孟郊历尽艰辛看到"长安花"，又经过吏部的选拔，被任命为溧阳县尉。作诗为文是孟郊的拿手活，为官则非其所长。孟郊所持"万俗皆走圆，一身犹学方"的价值标准，使其在县尉任上穷其所能也没有干出轰天动地的事情。昔日辛苦读书，得来的并不如意，加之远离家乡，在此种情景之下，孟郊倍思遥在家中的老母，想把母亲接到溧阳安享晚年，故有传世名作《游子吟》，"慈母手中线，游子身上衣。临行密密缝，意恐迟迟归。谁言寸草心，报得三春晖。"《游子吟》深得后人赞许，明人贝琼在《春

「孟郊《游子吟》」

晖堂记》中云:"余读孟东野慈母吟,未尝不三复其辞,为之慨然流涕也。"如今《唐诗三百首》等启蒙读本或是小学的语文读本中都收录有《游子吟》,即便小小学童也能唱诵"谁言寸草心,报得三春晖"。宋代以后,许多学堂、学校的名字都以"春晖"命名,如百年名校浙江上虞春晖中学,早期名字为春晖学堂,夏丏尊、朱自清、朱光潜等文化名人曾在此任教。

> 孟郊年近知天命而中进士,以情写诗,以文达意,其对科举、为官历程的书写,"诗从肺腑出,出辄愁肺腑",成为中国科举文化史上难以磨灭的印记。

陈子昂、卢肇、孟郊三人经历不同,有的出身于富豪之家,有的出身于家道中落,有的出身于穷困寒舍,有的是少年登第,有的是拔得头筹,有的是知天命中第。但亦有相同之处,都是为实现自己的抱负孜孜以求,都在不同领域做出令世人瞩目的成就。

长江流域虽然在唐代考中进士的学子不多,但还有不少中第者在各个领域取得辉煌成就。诸如四川内江的范崇凯、范元凯兄弟同于唐玄宗开元四年(公元716年)登第,被誉为"梧冈双凤",且范崇凯为该榜状元,唐玄宗专门为之修建"花萼楼";与柳宗元同时登第的江西进士幸南容,在教育学生方面颇有成就,唐宪宗赞其"掌教成均,师道惟严";还有唐代科举掌故《唐摭言》的撰写者南昌人王定保于唐末中进士,善于文辞,其著作成为后人研究唐代科举的重要史料。

善于应制的奇才

> 科举是一种极具选拔性的考试,尤其是在唐代时期录取的比率很小,几乎可以达到百里挑一的地步,命中者除了少数凭运气外,绝大多数还是需要寒窗的苦读,以及过人的天赋。

惊世壮举：科举之开创

唐代初期选士重明经，官学生具有很大优势，源于乡贡的庶族则缺乏竞争力。但唐玄宗开元以后，逐渐重视进士科，"开元中，蛮夷来格，天下无事，缙绅闻达之路唯文章"，即注重诗赋为主，有"文学之科"的誉称。进士科以策问、诗赋取士，看重的是个体的才华，这样很多有才之士通过进士科脱颖而出。如乾宁二年（公元895年），广西赵观文进士及第，褚载《贺赵观文重试及第》"一枝仙桂两回春，始觉文章可致身。今日街头看御榜，大能荣耀苦心人"。

日试万言——王璘

> 咸通年间，长沙人王璘善为文章，博闻强记，非常人所能及。

詹事崔廉问知道王璘的才华，准备推荐他去参加"日试万言科"，实际上这个科目就是考察考生写文章的水平。考试当日，王璘请来了10名书吏，准备好笔墨纸砚，然后王璘在房间里来回踱步口授，10个书吏忙得不亦说乎。

首先拟题《黄河赋》三千字，几刻钟的时间就搞定了。接着是《鸟散余花落诗》30首，挥笔一吟而就。这时，狂风暴雨袭来，几幅写成的诗文被风吹走，上面沾了些泥滓，文卷也有些褶皱。王璘也不着急，对书吏说"这些有污损的就不要了，再拿些纸张来"。大笔一挥，顷刻间写成十余篇。还没有到中午吃饭时，王璘已搞定七千余言。詹事崔廉问觉得王璘的水平日试万言一点问题都没有，再持续下去浪费时间，就告诉考试官不必把万言弄完，可以喊王璘一起来喝酒。

其中《黄河赋》有100多个生僻字不好辨认，请王璘当众予以识读。王璘面对众人滔滔不绝地讲解起来，忽略他人的存在。到了京师，主考官路岩获悉王璘学识渊博是个人才，有意提携他，便派手下去召见他，希望早日认定这位高徒。没想到王璘恃才放旷，也是一个脑筋不转弯的书呆子，言说等见了皇帝之后再去拜见主考官大人路岩。路岩一听很生气，立即上奏建议取消万言科。王璘由此也失去真正中举的机会。

王璘回到长沙后，终日以作文饮酒为乐。一天，在岳麓寺碰到知名诗人李群玉，李群玉恭敬问曰"您是哪位呀？"王璘高傲答道："日试万言王璘"。李群玉一听很不舒服，觉得会写点东西没啥了不起。李群玉想试一下王璘的真实水平如何，便说"我们联句诗文如何？"答曰："就按您说的来办"。李群玉率先出了上句，王璘粗略看后，不假思索答出下句，"芍药花开菩萨面，棕榈叶散夜叉头"。李群玉一听为之叹服，觉得王璘真是才子，由此两人成为莫逆之交。

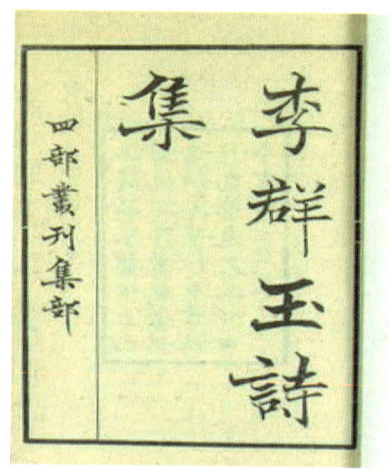

「《李群玉诗集》」

善于制对——梅权衡

> 梅权衡，吴地人，参加应举考试时，别人都是拿着韵书之类的工具书，梅权衡什么也没有带，世人称之为奇才，相当于我们现在的考霸。

考官拿出的考题是《青玉案赋》，要求以"油然易直子谅之心"为韵。考生们拿到题目后，议论纷纷，都认为以"谅"字押韵太难了。而梅权衡则悠闲地在场屋前的树下，用一个短树枝在地上涂抹起草。下午，梅权衡的诗赋已完稿。考生张季遐跑到梅权衡跟前，请他讲一下如何押"谅"字，让大家做个样板，好进行临摹。梅权衡大声道："连个诗赋的押字都要商量，还考什么进士呢？"

张季遐自视水平不行，学识浅薄，喊上几十个考生来请求梅权衡讲解。由于诸考生同病相怜，梅权衡决定给大伙讲下。梅权衡朗声道："这个韵确实很难押，大家也到厅上坐，仔细听我如何押韵。"接着大声朗诵其诗赋，"恍兮惚兮，其中有物。惚兮恍兮，其中有谅。犬蹲其旁，鸥拂其上。"梅权衡接着讲青玉案就是剁肉的食案，所以说有狗蹲在旁边，有鸟从它的上面飞过。众人一听，捧腹大笑，觉得梅权衡讲得太有意思了。

惊世壮举：科举之开创

中第探囊——李郃

> 李郃（公元808—873年），字子玄，号西贞，宁远人。出身于书香世家，其祖父辈均以文学显著，在长辈的熏陶下，李郃五岁就能读诗书，九岁就能写文章，气度不凡。

李郃在15岁时，便立志以天下为己任。27岁考中进士。因其水平太高，同科考试者都希望避开他才有更多命中的机会。待到礼部进行应试时，因题目中涉及家人的避讳，他直接走出考场没有继续考下去。第二年继续参加科考，主考官拔其为第一，成为该科状元。由于才华出众，应举对于李郃来说如探囊取物。李郃的策文诏对功力深厚，皇帝读其策文也非常赞许。

和李郃同时应举的好友刘蕡所作策文直陈现实弊病，利益既得者为之震动。迫于压力，主考官认为刘蕡的策文不和时宜，没有让其中第。但刘蕡的策论非常有名，在坊间不断传抄，没几天便传遍京师。不少为官者担心自己的利益受到损失，想加害刘蕡。李郃考虑到事情一旦闹大，将难以收场，急忙上奏称刘蕡之策论非常重要，愿意把自己所中名次、所得官职让给刘蕡。皇帝受到奏折后，询问宰相该如何处理这件事。宰相指出不能让刘蕡取代李郃，但刘蕡的策论由此上达给皇帝，皇帝也知道刘蕡是难得的人才，故而未治其罪。李郃《乞旌刘蕡自言疏》可谓尽显其英雄奇才的风采，其首先指出刘蕡的策文引经据典，"汉魏以来，无以蕡比"，接着言道"况臣所对，不及蕡远甚，内怀愧耻，自谓贤良，奈人言何？乞回臣所授，以旌蕡直。臣逃苟且之惭，朝有公正之路，陛下免天下之疑，顾不美哉！"以国家的利益为重，视中第如鸿毛，这是何等的人格。

命运各异的科考

唐代虽处于科举考试的初创阶段，但在此期间，却逐渐改变门阀士族的垄断局面，促进了社会各阶层的良性循环。读书人都希望通过考试改变自己的命运，实现"朝为田舍郎，暮登天子堂"。只是由于录取的名额非常有限，"三十老明经，五十少进士"，已经算是幸运者，还有更多是经历很多年的奋斗仍无果而终。

> 在这场无烟的科第战场上，有的屡经坎坷而中第，有的神奇一遇而得第，有的孜孜以求而落第，亦有看破红尘而潇洒离开科考游戏者。正如孟子所言"遇不遇，命也"。

坎坷中第

> 唐代开元以前，长江流域命中进士的较少。

元代辛文房《唐才子传》共录唐代才子300余人，绝大数为进士及第，据笔者统计，长江流域所属各地命中的进士有50余人，约占总数的六分之一，绝大部分中第者源自黄河流域，说明唐代长江流域的科举文化尚处在缓慢发展中，与文化相对发达的其他地尚有差距，这里举几个例子。

费冠卿，字子军，别号征君，安徽池州人。父亲早亡，与母亲相依为命。为让母亲能过上好日子，发愤为学。但在科举征程上屡试不第。在长安期间，曾作《久居京师感怀诗》曰："茕独不为苦，求名始辛酸。上国无交亲，请谒多少难。九月风到面，羞汗成冰片。求名俟公道，名与公道远。力尽得一名，他喜我且轻。家书十年绝，归去知谁荣。马嘶渭桥柳，特地起秋声。"此诗淋漓尽致地描述了费冠卿作为一位寒门学子求取功名之心酸，拜谒无门，只有渴求命运的垂青，一年复一年地煎熬，一年又一年地落第。元和二年（公元807年），费冠卿终于考中进士，还在长安等待授予职位时，接到母亲病危的消息，来不及请假便匆忙赶回家。从长安到池州，路途漫漫，到家时，母亲已经下葬。此时，费冠卿没有再考虑中第之艰难，而是在母亲坟旁搭建一个草庐陪伴母亲，一晃就是好多年。唐穆宗时，有个叫李仁修的大臣向皇帝禀报费冠卿的事情，皇帝感于其孝行，下诏官拜右拾遗。使臣到费冠卿家宣读诏书，表彰其孝行，督促其做官为

惊世壮举：科举之开创

国效力。面对这种多少年梦寐以求的好事情，费冠卿作诗《蒙召拜拾遗书情二首》答道：

　　拾遗帝侧知难得，官紧才微恐不胜。
　　好是中朝绝亲友，九华山下诏来征。
　　三千里外一微臣，二十年来任运身。
　　今日忽蒙天子召，自惭惊动国中人。

费冠卿最终委婉拒绝朝廷的征召，终其一生以诗文为乐。

> 刘蜕，字复愚，自号文泉子，荆南人。

《北梦琐言》载唐初，荆州每年选送读书之人去参加考试，没有命中之人，被称为"天荒解"。直到大中四年（公元850年），刘蜕中进士第，才打破荆州长期科举空白的历史，被誉为"破天荒"，随后荆州人余知古、关图、常修等相继中第。刘蜕作为晚唐著名的文学家，在其诗文中详细描述了中第过程。他在《上礼部裴侍郎书》中指出，他的家乡在九江之南，离长安有四千多里，出身贫寒，没有亲戚朋友可以资助自己去参加考试。只好徒步迁往长安，每天要行60里路，往返需要半年时间。每年要有三个月的时间来侍奉双亲，又要两个月积攒科考路费。一年时间里，也只有一个月的时间可以待在长安应考。家庭富有有背景者，可以通过行卷、请托，拜访各位贤达名流，而刘蜕却还要担心一年中家人的疾病及自然灾荒之类，终日处于忧心忡忡之中，以至于头发变白，田园荒芜，养老无着，还要勉力备考，以此来改变命运。

汪遵，宣州泾县人（今安徽泾县），曾为小吏，其乡人许棠已经参加科考20多次，而汪遵仍是一个小吏，许棠很看不起这位不思进取的老乡。实际上，汪遵虽然为小吏无甚地位，但他喜欢读书，善为诗文。家里贫穷买不起书，就厚着脸面到别人家借阅，时常通宵达旦地阅读。这些情况许棠是不了解的。经过长时间的磨练，汪遵觉得自己的水平还不错，于是乎，带着干粮去京城长安应试。快到长安时，遇到已在长安为科考滚爬摸打20多年仍未命中的老乡许棠。许棠看汪遵风尘仆仆，衣着褴褛，就轻蔑地问道："汪都事来京城干什么呢？"汪遵答曰："参加考试呀"。许棠很生气地斥责，"一个小吏有何能耐，敢来和我一起同台竞争！"话语中透露着很瞧不起汪遵的样子。没想到命运又再次给许棠开了个玩笑，在这次科考中汪遵命中，而许棠再次落第，且直到5年后知天命的年龄才艰难考中。汪遵虽以卑微出身，家贫借书，仍能艰辛苦读，夺誉文苑。《唐才子传》的作者辛文房对此叹曰："昔沟中之断，今席上之珍，丈夫自修，不当如是耶？"

安徽泾县的许棠久困科场达20余年，咸通十二年（公元871年）中进士时已经50岁了，仍然很兴奋，自叹"自得一第，稍觉筋骨轻健，愈于少年"。同样，是经过20多年奋战才命中的郑谷，可谓同命相连，曾给许棠送诗曰"白头新作尉，县在故山中。高第能卑宦，前贤尚此风。"

郑谷（公元848—909年），字守愚，袁州人（宜春），其父亲郑史曾为永州刺史，善于诗赋。

> 郑谷自幼聪慧绝伦，博闻强识，在父亲的影响下，七岁就能作诗。

著名诗人司空图与郑史为同事，见到郑谷少年能为诗文，很是好奇，就随口问道，"小朋友，你读过我的诗文吗？你觉得我的诗有问题吗？"郑谷望着司空图，眨巴几下眼睛，答道"我觉得先生《曲江晚望》云：'村南斜日闲回首，一对鸳鸯落渡头。'写得真好，很有意境。"听到此言，司空图也愣了一下，没想到这么小的孩子能读懂他的诗文，拍着郑谷的肩膀说"小朋友，你以后一定大有作为，成为有名的才子"。恰如司空图所言，郑谷日后在文学方面颇有造诣，《淮上与友人别》"扬子江头杨柳春，杨花愁杀渡江人。数声风笛离亭晚，君向潇湘我向秦。"可谓经典诗文。郑谷与任涛、张嫔、张乔、喻坦之等有"芳林十哲"之誉。但郑谷在科考的路途上却是颇费周折，从21岁参加考试，便开始了漫漫科举路，20年间先后参加十多次科考，《辇下冬暮咏怀》云："十年春泪催衰飒，羞向清流照鬓毛"，见证科考之艰辛，终于在光启三年（公元887年）命中进士及第。

顾非熊（公元795—854年），姑苏人（今浙江海盐），著名诗人顾况之子，年少时悟性极高，文章浏览一遍即能背诵，善于吟诗，远近闻名。然而在科举这个竞技场上，顾非熊却是屡战屡败，屡败屡战，三十年难得一第。长期的煎熬，使顾非熊少年时的锐气早已被磨平，甚至不得不低下高傲的头，希望显宦们能帮助一把。如其《陈情上郑主司》中所言"登第久无缘，归情思渺然。……朝乏新知己，村荒旧业田。受恩期望外，效死誓生前。愿察为裘意，彷徉和角篇。恳情今吐尽，万一冀哀怜"。即希望郑主司能够垂怜其参加这么多次考试而没有机会考中。会昌五年（公元845年），科考放

「顾非熊」

榜之后，顾非熊仍未中第。其实，顾非熊的诗文已经是做得很好，连皇帝都知道他这个人物，怎么一看榜上却没有他的名字，赶快让有司把科考文章呈上来。经过皇帝特批，即又追加一个名额，这样顾非熊才终于中第。诗人刘得仁作《贺顾非熊及第其年内索文章》"愚为童稚时，已解念君诗。及得高科早，须逢圣主知。"

> 看来，要不是有唐武宗插手干预，顾非熊恐怕又要落第，三十年的科举路，一生的大半时间都耗在科考上，这还算是比较幸运，功夫不负有心人，最终还是考中进士。

大历十大才子之一的钱起，为诗独具一格，被认为是继王维之后的诗坛盟主，在科场上却是屡试不第，其《长安落第作》有文"始愿今如此，前途复若何？无媒献词赋，生事日蹉跎。不遇张华识，空悲宁戚歌。"尽显落第之惆怅、怨恨。中第后言"汉家贤相重英奇，蟠木何材也见知"。福建人黄滔33岁应举，56岁才命中，仍然很欣慰，作《放榜日》"吾唐取士最堪夸，仙榜标名出曙霞"。

> 可见，科举的魔力真大，一旦命中，以往的辛苦、蹉跎都不是事儿。

离奇中第

> 科举考试对于寒门士子而言，是可遇而不可求的事情，很多读书人为之跋山涉水，远离家乡，久居长安，专心苦读，而命中者仍是了了。许多人是乘兴而来，失望而归。但也有一些人因机遇耦合或者阴差阳错而离奇考中。

江东人包谊，善于文辞，初次到京城参加科考，由于去得比较早，同族人包佶想到他远道而来无依无靠，就让他住在自己的家里。包谊初次参加考试，自我感觉能写点文章，自视甚高，认为考进士如探囊取物，毫不在意，闲暇时便到寺院里游逛。不知怎回事，突然撞上了中书舍人刘太真，刘太真一看包谊的打扮就知道是来应试的举子，就让手下人询问包谊的情况。要是换做别人，人生地不熟，冲撞他人，肯定会赔礼道歉。包谊却说："我是进士包谊，素不相识，为何要问我？"刘太真一听，很是恼火，觉得进士有啥了不起。于是派人跟踪包谊，打听是住在祭酒包佶家，就把包谊的事情告诉包佶。包佶听后大怒，认为包谊太狂妄，责骂一顿，赶出家门。第二年，恰好是刘太真任主考官，刘太真对包谊顶撞之事仍记忆犹新，想让包谊永不被录用，到考完后直接遣送回去了事。后来，刘太真觉得不应该和小人一般见识，以这样的事情和包谊计较不值得，只要这次不录取就行了。将要公布录取名单前，刘太真将名单呈给宰相过目。宰相一看有一位姓朱的命中，因朱泚的谋反之事，宰相不想让姓朱的中第，且让赶快换成另一个人。这时刘太真觉得事情没有办妥，没有迎合宰相的心意，感到非常紧张，大脑一片空白，想不到

「科场」

惊世壮举：科举之开创

用哪一位来代替这位朱姓中第者，情急之下，不由自主想到了包谊，就把包谊的名字递补上。当包谊拜谢老师时，刘太真才知道弄错了，但已经张榜公布，无法更改。

> 包谊就这样，糊里糊涂得罪了中书舍人，又莫名其妙地考中了进士，可谓"得丧非人力也，盖假手而已"。

苏州人翁彦枢到京城应举，有一位老僧和翁彦枢是同乡，经常出入相国裴垣府邸，和裴府人员很熟悉。老僧经常手持佛珠，闭目念经，除了吃饭睡觉，口中总是念念有词。裴垣是该榜的主考，其子裴勋、裴质经常在家里议论哪些人能命中，老僧和他们混熟了，裴垣的儿子也不在意他在旁听。他们所拟定要录取哪些人，老僧很清楚。老僧回到寺院后，恰好翁彦枢来拜访，老僧问他将来得失的事情，他随便敷衍了事。老僧接着又问"你想成名，需要考中第几名？"翁彦枢觉得老僧在戏弄他，随口答曰"第八名足矣"。没想到老僧转身又跑到裴垣家里，裴垣的两个儿子正在热议中举名单。老僧忽然发问："你们知道科举之事的重要性吗？朝廷让你们负责选拔，肯定是想让你们铲除一些人。而你们所取者都是些有权有势的豪门子弟，而贫寒之家却无缘中举，你们这样做能行吗？"裴垣儿子一听大惊，赶快把录取名单再仔细审阅一遍，觉得老僧讲得有道理。赶紧问老僧有何想法，想用金银布帛来封老僧之口。老僧答曰："我老了，要金银布帛也没啥用。有个叫翁彦枢的老乡想命中进士。"裴勋说："这好办，就把他列在丙科"。老僧说："还是弄个第八名比较好"。裴勋怕事情败露，只好同意老僧的建议。于是乎，待录取名单下来后，翁彦枢果然命中第八名进士。可能连他自己都不能想象为何能命中这么好的名次。

上海人牛锡庶生性不喜交往，数次参与科考，无缘命中。贞元元年（公元785年），无聊惆怅中，牛锡庶就去找一个算命的人询问自己能否考中进士。算命者告诉他来年一定能高中头名状元。牛锡庶一听认为算命的纯粹瞎掰，自己想只要能中进士就要谢天谢地了。当时已经是八月份了，主考官还没有定下来。牛锡庶偶尔经过少保萧昕宅前，遇到萧昕独自游南园，赶紧把自己的文章递给萧昕，希望其能指点一下。牛锡庶这样做无非是想让萧昕能推荐他一下。恰好，萧昕这时也是闲得无聊，希望有人能和自己聊聊天，就和牛锡庶交流起来，接着看了他的文章觉得很不错。问道："外面人认为谁能任这次考试的主考官？"牛锡庶趁势答曰："您办事公正，肯定能任主考"。萧昕听后很高兴，曰："如果我是主考官，一定录你为状元"。

牛锡庶一听，连忙起来拜谢。还未坐定，就听见外面忽然有快马传报萧昕为主考官。牛锡庶这是赶紧再次拜谢道："您已经贵为主考官，希望能实现您刚才之言"。萧昕曰："前言期矣"。第二年，牛锡庶果然高中状元及第。

恐怕连牛锡庶也没想到，一次无聊的聊天，可以由此而获取状元。

包谊、翁彦枢、牛锡庶皆非正常途径命中进士，恐怕连他们本人也觉得不可思议。然而四川尹枢的中第更是神奇。唐德宗贞元七年（公元791年），主考官杜黄裳任该年的主考官，听说70多岁的老举子尹枢颇有名气，为了把有真才实学的举子选拔出来，认真负责的杜黄裳在第三场考前进行调查。遍问考场中的举子，只有尹枢能够予以对答。此时，比较尴尬的杜黄裳只好说明来意，指出自己是代表皇帝来选拔人才，希望士子们能够把优秀的人才先推荐出来以免漏选。500多考生都是面面相觑，无言以对。唯独尹枢上前问道："考官大人，您到底是什么意思？"曰："希望得到一份预录取名单"。尹枢见众人无人作声，于是说"让我来拟定一份名单"。于是，杜黄裳让手下拿来纸笔，尹枢很快便拟下预录名单，并当众予以高声宣读，众考生一听，都说尹枢弄得比较合情合理。尹枢就把这份名单呈给杜黄裳，但把第一名的名字空着没写。杜黄裳仔细审阅后，"那状元该是谁呢？"尹枢不假思索答道："状元非我莫属"。杜黄裳一听很高兴，觉得尹枢毛遂自荐真自信。

是年，70多岁的尹枢果然高中状元，成为科举史少有的"自放状元"。

惊世壮举：科举之开创

一第难求

> 科举路上有的读书人虽历经坎坷，结果还是能够如愿命中，也算是比较有运气的。对于能够神奇命中的，当然是交了鸿运。在科举竞争激烈的时代，众多考生折腾一二十年，甚至更长，仍未考中者不在少数。有的甚至为此而老死他乡，真是一第难求。在这种与命运抗争的尴尬局面下，不少有才之士，便由此不再参与科第之争。

方干，字雄飞，桐庐人（今属浙江），自幼有才，唐宪宗年间，屡次到京师应考，终未一第。鉴于方干当时声名颇高，不少显宦名流推荐他，然而仍未中第。经过种种折腾，家境贫寒的方干已无意功名，隐居镜湖中，以读书为文，作诗饮酒为乐，留恋于浙中各大名园。著名诗人李频曾经跟随方干学作诗文，李频已经登第，而方干却仍未考中。所以僧人给李频的贺诗中云"弟子已折桂，先生犹灌园。"方干一生在诗歌创作方面成就很大，但在科举方面却屡屡碰壁，乃至最终放弃。方干死后，杜荀鹤《哭方干》中言"何言寸禄不沾身，身没诗名万古存"。

「罗邺」

罗邺，余杭人，出身富豪之家，以文学著称，与当时族人罗隐、罗虬俱有诗名，被称为"三罗"。咸通年间，他数次翻山越水去京城应举，屡战屡败，其《落第东归》言"年年春色被怀羞，强向东归懒举头。莫道还家便容易，人间多少事堪愁。"还有《下第》云"故乡依旧空归去，帝里如同不到来。"次次满怀希冀，场场终归落第，这种心理的落差、折磨，以至于罗邺都不好意思回家，只能叹以孔子之言"才难"。

「陆龟蒙」

陆龟蒙,字鲁望,苏州人,自幼聪慧,精通《春秋》,善于撰写文章,以南朝文学家江淹之文为体式,享誉吴越之地。家中藏书丰富,从小不喜声色犬马之娱,以读书为务。但在众人竞渡的科考中落第,从此便跟随知名人士游学为主,不再参与科考。终日游历于山水之间,自称"江湖散人",以著述为乐,著有《松陵集》、《笠泽丛书》等。与皮日休交谊甚久,号称"皮陆"。后来朝廷觉得陆龟蒙有才,以高士征召,陆龟蒙坚辞不就。

任蕃,江东人,颇有诗名。会昌年间,赴京师应考,屡次不中,其《秋晚郊居》云:"惆怅高飞晚,年年别故园。"每年远离家乡赴考,离别亲人,祈求中第,终是无望而归。又一次考后,仍是榜上无名,任蕃觉得自己这么远来考试,以自己的水平怎么会屡试不第,气愤不过,在离京前,亲自拜谒主考官,称道"仆本寒乡之人,不远万里,手遮赤日,步来长安,取一第荣父母不得。侍郎岂不闻江东一任蕃,家贫吟苦,忍令其去如来日也?敢从辞,弹琴自娱,学道自乐耳。"任蕃向主考陈诉自己乃寒微之人,不远万里,顶烈日冒寒雨,徒步来到长安,怎么连使父母脸上有光的中第都难以获取。难道主考大人没有听说江东任蕃的名声吗,怎能忍心让其再来应考呢?我任蕃从此不再来应举了,终其生以弹琴学道为乐。主考官也觉得任蕃是个人才,想挽留他,但任蕃已满怀惆怅赶回江东,从此放弃应举。同样,钱塘人章碣非常有才,其《焚书坑》"竹帛烟销帝业虚,关河空锁祖龙居。坑灰未冷山东乱,刘项原来不读书。"一直为世人传唱不衰。但论及举业却是累试不第。乾符年间,侍郎高湘从长沙把邵安谷带到京城,而邵安古中第,章碣依旧落榜。章碣认为高湘很不公平,作《东都望幸》诗曰:"懒修珠翠上高台,眉月连妍恨不开。纵使东巡也无益,君王自领美人来。"以示对高湘所为的抗议。章碣自此不再应举。任蕃、章碣是满腹诗论,却无缘中举,激愤之余才向当政者叫板。

惊世壮举：科举之开创

> 诸如罗邺、方干、任蕃、章碣等有才之士，屡试不第者在唐代很多。有的为此纠结不已，有的潇洒看过。钱塘人罗隐善为诗文，在屡试不第的情况下，只好自书《自遣》"得即高歌失即休，多愁多恨亦悠悠。今朝有酒今朝醉，明日愁来明日愁。"

王定保《唐摭言》称"三百年来，科第之设，草泽望之起家，簪绂望之继世。孤寒失之，其族馁矣；世禄失之，其族绝矣。"此话很形象地描述了科举对社会各阶层之重要性，真是"得仕者如升仙，不仕者如沈泉，欢娱忧苦，若天地之相远也"。唐代帝王对科举也非常重视。唐太宗称中榜者为"英雄入吾彀中"，唐高宗曾亲自策试举人，武则天在位初期"大搜隐逸"，唐德宗甚至亲自判阅考卷于宣政殿，对所录取之人，皆称为"朕门生"。考中进士者被誉为"战胜真才子，名高动世人"。正是在这种氛围下，许多人对科考充满着希冀与憧憬。

唐代科举考试一年一次，一个举子很少一年就能及第，一般少则三五年，多则十几年甚至几十年。文人士子反反复复读书应举，从各地奔赴京城，无形当中加重了旅途资费，增加了应举成本。不少士子长期滞留京城不回家，很大程度上是为了在下一次科考中，避免旅途劳顿，节约盘缠。如江南陈季卿"辞家十年，举进士，志不能无成归，羁栖辇下，鬻书判给衣食"。唐穆宗时期的宰相王播出身寒门，穷困潦倒，为了备考寄宿于扬州惠昭寺木兰院，跟随寺里僧人一起吃饭，时间久了连僧人也很反感这位吃客，甚至故意刁难王播，待他去时，僧人总是说饭吃完了。这些事例足见读书人对科考之向往以及科考之艰辛。

相对而言，因为地域、经济文化以及教育诸方面的差异，长江流域在唐代科举方面是不占优势的，著名历史地理学家陈正祥在《中国文化地理》中言："当唐代的全盛时期，中进士的人多数限于中原；江南寥寥无几，岭南更谈不到。到了宋代，江南一带中进士的渐多。及至明清二代，情势倒转过来：江南成为人文渊薮，中原相形见绌。"正是由于竞争的差异性，导致长江流域中举的难度增大，即便这样，刻苦治学的读书人依然通过自己的辛劳成为"入彀"的英雄，应制的奇才，但更多的是充满心酸、命运各异的科考者。白居易《与元九书》"十五六始知有进士，苦节读书。二十已来，昼课赋，夜课书，间又课诗，不遑寝息矣"，导致"口舌成疮，手肘成胝，既壮而肤革不丰盈，未老而齿发早衰白"，甚至还出现"瞥瞥然如飞蝇垂珠在眸子中也，动以万数"，这种幻觉"盖以苦学力文所致，又自悲矣！"白居易此论形象地描述了当时举子们应考的状态。而南昌人施肩吾早年科考落榜时，有《下第春游》"天遣春风领春色，不教分付于愁人。"唐宪宗元和二年（公元807年），其科考中第经过扬子江时，作《及第后过扬子江》"忆昔将贡年，抱愁此江边。鱼龙互闪烁，黑浪高于天。今日步春草，复来经此道。江神也世情，为我风色好。"

> 落第与中榜的悲喜，折射出读书人对应举的重视程度。长江流域的文人墨客正是在这种悲喜交替中，感受屡战屡败落第之无奈，同时也享受着中第时"一日看尽长安花"的喜悦，悲喜之间构成了唐代长江流域科举文化的靓丽风采。

凭才取人：科举之勃兴

科举取士之法，经过唐代近300年的演练，其优势与弊端均展露无遗。宋太祖建立政权后，比较重视文人，在选士方面，一定程度上继承了唐代科举选士的优点，同时，逐步改变其弊病。

> 科举取士之法，经过唐代近300年的演练，其优势与弊端均展露无遗。宋太祖建立政权后，比较重视文人，在选士方面，一定程度上继承了唐代科举选士的优点，同时，逐步改变其弊病。

「欧阳修」

欧阳修《论逐路取人札子》指出在选拔士人方面，宋代与前朝相比是比较公正的，不管出身如何，来自何地，只要有才华均可参与竞争。并且在考试方面，纠正了唐代科考前考生向显宦们投递文章的行卷，从而形成座主门生关系的弊端。宋代的科考卷子在批改时是要糊名的，即匿名评卷。甚至为了避免判卷者认出考生的笔迹，还有进行另外誊录之类，尽量避免考官"憎爱薄厚于其间"，从而达到"至公如权衡"。

在相对公正的选拔制度下，宋代的皇帝想尽办法来笼络天下名士，各出奇招鼓励士子参与科考，诸如每科皆有殿试，由皇帝亲自参与面试，从而使唐代考生与考官之间座主门生的关系，转变为只要考中的进士都是"天子门生"，这对于读书人来说是莫大的荣耀。对于远离都城的穷困考生，宋太祖下诏："国家岁开贡部，敷求俊乂，四方之士，无远弗届，而经途遐阻，资用或缺，朕甚愍焉。自今西川、山南、荆湖等举人，往来给券。"即对路途相对较远的考生给予各方面的资助。为鼓励天下人好好读书，参加国家的科考，宋真宗《劝学诗》中直言不讳地指出"富家不用买良田，书中自有千钟粟。安居不用架高堂，书中自有黄金屋。出门莫恨无人随，书中车马多如簇。娶妻莫恨无良媒，书中有女颜如玉。男儿欲遂平生志，六经勤向窗前读。"通过读书可以换得美食、富丽堂皇的房屋、前呼后拥的车马、娇艳美貌的妻子等，这样直白而富有功利性的宣扬，在一定程度上刺激了读书人刻苦读书、认真

「宋太祖」

凭才取人：科举之勃兴

备考的心态。宋仁宗皇帝《劝学文》则言"朕观无学人，无物堪比伦。若比于草木，草有灵芝木有椿；若比于禽兽，禽有鸾凤兽有麟；若比于粪土，粪滋五谷土养民。世间无限物，无比无学人"。更是把不读书无学之人，视作无物，连草木、鸟兽、粪土都不如。另外，从每年考中进士的数量来说，宋代每年选拔的进士数量要比唐代多出不少，对于屡考不中、年龄偏大的考生，朝廷通过恩赐或者特荐的方式给予进士名誉。在政府鼓舞下，士人参与科举积极性得到很大提高，因此，王辟之《渑水燕谈录》言"进士之举至今，本朝尤盛"。

> 在这种国家想方设法激励读书人应举的大背景下，长江流域的士子们不甘示弱，其命中比率要远远高于唐代。

欧阳修在《论逐路取人札子》中言"盖言事之人，但见每次科场东南进士得多，而西北进士得少，故欲改法使多取西北进士尔。殊不知天下之广，四方风俗异宜，而人性各有利钝。东南之俗好文，故进士多而经学少；西北之人尚质，故进士少而经学多"。欧阳修虽然是讲源于科举考试的内容、文化教育及各地风俗的差异，导致每次科考东南一带命中的进士要比西北多，但一定程度上说明到了宋代长江流域人才辈出，考取进士的几率要比唐代高出很多，以至于许多人建议改革考试及选士条件。另外，宋仁宗嘉祐年间，江西人吴孝宗《余干县学记》亦指出"古者江南不能与中土等，宋受天命，然后七闽二浙与江之西东，冠带《诗》、《书》，翕然大肆，人才之盛，遂甲于天下。江南既为天下甲，而饶人喜事，又甲于江南。盖饶之为州，壤土肥而养生之物多，其民家富而户羡，蓄百金者不在富人之列。又当宽平无事之际，而天性好善，为父兄者以其子与弟不文为咎，为母妻者以其子与夫不学为辱。其美如此。"此段话很形象地描述了宋代长江流域的江浙、吴越之地人才之盛，其因在于江南经济的发展、文化教育的繁荣以及读书应举意识的增强，这应该也是"每次科场东南进士得多"的缘由之一吧。

在政府大力提倡下，科举考试侧重经义理学，长江流域出现了形式各样的进士及第，诸如三元及第、贫寒出身及文星灿烂的进士群体，还有少年英才的捷足先登，亦有英雄白首的漫漫考程。

理学一统的科场选拔

> 只要进行考试，读书人都会以考试指向为准进行复习备考。

唐代以诗赋取士，读书人便挖空心思去模仿，提前临摹一些诗赋，类似目前的高考写作时提前要准备的范文。宋代孙复《寄范天章书》言"今之士人，能尽知舜禹文武周公孔子之道者鲜矣。何者，国家踵隋唐之制，专以辞赋取人，故天下之士皆奔走致力于声病对偶之间，探索圣贤之阃奥者，百无一二。"丢掉孔孟之道德，专以诗赋为高的考试趋向，使有远见的学者、官员认识到诗赋取士的弊端，极力要求改变这种选拔模式。神宗熙宁二年（公元1069年），宰相王安石对科考内容进行了大的变动，罢黜诗赋取士，考试内容为《诗》、《书》、《易》、《周礼》、《礼记》任选其一，并兼顾《论语》、《孟子》，当时朝廷认为只有这样才能培养出一批学有专长的学者型官员。宋神宗也认为只有通过经学，才能使读书人在道德素养方面归于纯正，从而更好地为国家服务。对于这一点，宋神宗曾很明确地告诉王安石："经术，今人人乖异，何以一道德？卿有所著，可以颁行，令学者定于一。"在皇帝的授意下，王安石的《三经新义》和《字说》便成为全国考生的通用教材，注重义理的宋学由此得到发扬光大。恰如《宋史·艺文志》所载"宋有天下，先后三百余年。考其治化之污隆，风气之离合，虽不足以拟伦三代，然其时君汲汲于道艺，辅治之臣莫不以经术为先务，学士缙绅先生，谈道德性命之学，不绝于口，岂不彬彬乎进于周之文哉。"

「王安石」

凭才取人：科举之勃兴

宋理宗在位时期，大力褒扬理学，且让周敦颐、张载、二程及朱熹从祀孔子，并下达诏书，指出孔子的学问从孟子以后便失传了，到了宋代通过周敦颐、张载、二程等学者的探索，才使"千载绝学，始有指归"。又借助于朱熹的精思明辨，"使《大学》、《论》、《孟》、《中庸》之书，本末洞彻；孔子之道，益以大明于世"。宋理宗自己也觉得每看过周敦颐等人的著述，顿时觉得豁然开朗，于是乎一高兴，便让各地学官要把周敦颐等人从祀孔子，以示表彰。宋理宗甚至把朱熹制定的白鹿洞书院的规程作为国家官学的教育准条，并把周敦颐、朱熹、二程的相关著作，诸如《太极图说》、《大学章句》、《中庸章句》、《通鉴纲目》、《春秋传序》等定为官学的必备教材，由此使理学在士人选拔方面，基本达到一统的地位。周密《癸辛杂识》载当时科考只有引用朱熹的著述才可以被选中，成为名士，否则即便有立身如司马光，文章气节如苏轼也非英雄本色，"于是天下竞趋之"。《鹤林玉露》的作者罗大经考中进士后言"近时讲性理者，亦几于舍六经而观语录，甚者将程、朱语录而编之若策括、策套，此其于吾身心不知果何益乎"。宋末袁桷《送陈山长序》亦指出"郡博士而下，其尊且专者，莫若书院。数十年来，朱文公之说行，祠宇遍东南，各以《四书》为标准"。

> 可以说周敦颐、张载、二程及朱熹的学说已成为天下考生的模版，其弊虽然很多，但对长江流域士人的选拔却有很多好处。

首先，从书院教育而言。书院是古代培养人才的摇篮，宋代由于社会稳定及经济的发展，书院教育非常发达，但书院的发展是不均衡的，长江流域的书院呈现出规模大、数量多、分布广的特点，诸如六大书院中白鹿洞书院、岳麓书院、石鼓书院、茅山书院皆位于江西、湖南。尤其是江西，白鹿洞、濂溪、鹅湖、象山、华林、东湖、豫章、白鹭洲

「岳麓书院」

等书院规模都很大,其数量在全国也是居于前列,培养了大批文人才子,其中登第者人数在全国也是非常可观,黄庭坚、曾巩、文天祥等,皆源出于书院。再如徽州,亦是书院林立,造就了一批批才人佳士。于静《宋代徽州科举研究》指出宋代徽州各县登第人数,婺源308人,休宁164人,歙县140人,黟县87人,祁门83人,绩溪31人。起因在于婺源重视教育,义塾及庙学都比较发达,还有朱熹十二高徒中的程洵、滕璘、滕珙、李季札都是婺源人,"婺源乃文公桑梓之乡,素习诗礼,不尚浮华"。魏了翁所创建的蒲江鹤山书院,以义理思想为授学主旨,在应举考试中大放异彩,"其秋试于有司,士自首选而下,拔十而得八,书室俄空焉,人竟传为美谈"。

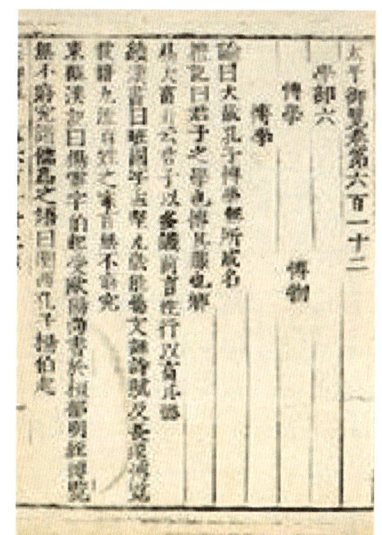

「《太平御览》」

其次,从书籍刊刻而言。宋代皇帝主张"文人治国",重视文教,宋太宗在繁忙的朝政之余,还要每天阅读《太平御览》数卷,并为之钦定书名。宋真宗则命王钦若、杨亿等人搜集历代君臣事迹编撰规模宏大的《册府元龟》。类似这样的类书在宋代还有不少,如《太平广记》、《文苑英华》、《玉海》等,这些大型类书的出版对于科举之业颇有帮助,"宋自神宗罢诗赋,用策论取士,以博综古今参考典制相尚,而又苦其浩瀚,不可猝穷。于是类事之家,往往排比联贯,荟萃成书,以供场屋采掇之用。"(《四库全书总目提要》卷一三五)在政府的倡导下,随着印刷水平的提高,在全国逐渐形成相应的图书出版中心,孙永芝《两宋出版管理研究》指出北宋时期的开封、浙江、四川、福建、江西以及南宋时期浙江、四川、福建、江西、安徽等地属于规模较大的刻书地。南宋吴澄《赠鬻书人杨良辅序》形象描绘宋代出版业之发达景象,"锓板成市,板本布满乎天下","生于今之时,何其幸也","读书者事半而功倍宜矣"。而这些图书出版中心主要位于长江流域的成都、眉山、吉安、杭州等地,大多出版官方认可的经典,诸如十三经、历代正史、王安石《三经新义》、《武经七书》等,

凭才取人：科举之勃兴

图书的便利获取为读书人的应试提供了很大帮助，同时，经过官方许可之后的图书对于士人思想统一起到加强作用。

再者，从学术传播而言。宋代科考基本上是以周敦颐、张载、二程、朱熹、胡瑗等理学大师的思想为主导，宋真宗《劝学诗》云："男儿若遂平生志，六经勤向窗前读"。宋理宗曾下诏封周敦颐为汝南伯，张载郿伯，程颢河南伯，程颐伊阳伯，并亲撰《道统十三赞》让国子监宣示于诸生，即以朝廷的名义定理学于一尊，以至于"人人尊孔孟，家家诵诗书"。考试内容以理学思想为主导，傅增湘《精选皇宋策学绳尺跋》中选录宋代的策题及对策之文，指出当时策问主要涉及二程、朱熹、张载之言行，风气使然，出现"垂髫挟卷者，非濂洛不谈；决科射策者，非《四书》不读"的现象，而理学大师及其弟子主要分布在江西、两浙、安徽、福建、四川等地，徐绵《中山书院题壁记》言及宋代温州科举之盛况，"东瓯之人材亦莫盛于宋，维时游于程子之门十有三人，游于朱子之门十有六人。登进士科者一榜无虑数十，登贤良方正、宏词、孝廉诸科者，于今姓名可考，得三百余人。其他行谊之美，学术之光，复难更仆数。"其因在于直接或间接受教于二程、朱熹，颇有助于科考。而安徽新安在南宋已成为人才辈出的"东南邹鲁"，其因也在于此地学风很盛，且学问以朱熹为根本，"凡六经传注诸子百氏之书，非经朱子论定者，父兄不以为教，子弟不以为学也"，朱熹的学问流行天下，但"讲之熟，说之详，守之固，则惟新安之士为然"。

「傅增湘」

宋代理学一统的选拔模式，对于理学氛围浓厚的江浙、江西、安徽、四川等地而言，非常有助于读书人在应试中脱颖而出。宋代屡次对进士名额如何分配的争论，正是由于南北方在科考竞争中，北方明显处于劣势的原因所致。这一定程度上也反映了由唐迄宋文化中心的逐渐南移，为长江流域的士子们提供了更多的中举机会。

形式各样的进士及第

宋代执政者主张以儒治国，大开选士之门，为保证公平实行糊名、誊录制，唯才是举，甚至为偏远地区的考生提供相应资助，政府可谓想方设法鼓励读书人应考。在这场没有硝烟的战场上，诸多寒门子弟通过多年的苦读，终于获得改变自己乃至一个家族命运的机会，真正实现"朝为田舍郎，暮登天子堂"的命运转变。

「范仲淹」

通过科场选拔，诸多博学有才之士从中崭露头角，乃至成为闻名天下之才子，如一代文章之宗欧阳修，先天下人之忧后天下人之乐的范仲淹，"人生自古谁无死，留取丹心照汗青"的文天祥等。另外，还有充满神奇色彩的科考达人，如三元及第的冯京、宋庠、杨寘等。

寒门状元

汪应辰（公元1118—1175年），初名洋，字圣锡，人称玉山先生，信州玉山（今属江西上饶）人，著名的文学家、政治家，有《文定集》传于世。

汪应辰祖上世代务农，其自幼丧父，家境贫寒，但他的母亲仍坚持让其识文断字。汪应辰自幼聪慧异常，五岁开始读书，和别人对话常常语出惊人，能够认识大量生僻少见的字。孤儿寡母，生活极其拮据，没有膏油点灯，汪应辰只好靠捡柴来点灯照明看书。虽然宋代图书刊刻已经比较便利，图书的流播也比较广泛，但对于穷寒之家，还是难得一书。汪应辰喜欢读书，可是家里除了能勉强维持生计，已经很难支付买书的费用，他只好向富家子弟借书阅读。汪应辰记忆力超强，凡是他过目的书籍，均能朗朗复述，10岁便能赋诗应对。有一天，汪应辰到附近的学校玩耍，郡博

凭才取人：科举之勃兴

士知道他小有才气，想试一试他的水平，就用对联戏弄道："韩愈十三而能文，今子奚若？"汪应辰不假思索，应声答曰："仲尼三千而论道，惟公其然。"

玉山县县尉喻樗为著名理学家杨时的弟子，曾经教授诸子之学，听说汪应辰能读书，博学多才，善于为文，可以在帐前当个文书之类。于是，派手下人把汪应辰叫来以试其才能。喻樗一看汪应辰相貌堂堂，非常人可比，心下暗喜。接着询问汪应辰能否诗文作对，答曰："可以"。喻樗言："马蹄踏破青青草"。对曰："龙爪挈开白白云"。喻樗看汪应辰不仅应对顺利，而且所对诗文很

「汪应辰」

有恢弘气势，心里暗自思索，"此子将来必成大器"。喻樗想到自己这一肚子学问终于可以找个传人了，汪应辰就这样在喻樗帐下做事，喻樗只要有空就向其传授相关学问，并且将女儿许配给汪应辰。在和喻樗相互切磋下，汪应辰的学问日渐增长，在当地已是颇有名气。在乡荐时，汪应辰就出类拔萃，位居首位。

绍兴元年（公元1131年），赵鼎为江西安抚使，征聘喻樗幕僚，汪应辰便随着喻樗来到赵鼎的府中。汪应辰博学有识，深得赵鼎器重，这为其以后的发展打下良好的基础。绍兴五年（公元1135年），汪应辰以礼部考试名次较优获得殿试资格。殿试中，汪应辰根据策试题目，开篇作答"臣闻治道不在多言，顾力行何如耳。行帝道则帝，行王道则王，行霸道则霸，未有力行而不至者也，未有不能力行而能至者也。今陛下策臣于廷，询之以天下之大计，曰：觊闻治道之要。顾臣浅陋，何足以奉承大问，臣谨以所闻于师者言之。"汪应辰从治道出发，论及何为帝、王、霸，并由此逐步展开论及为治之要在于"返求诸己"，分别由商汤、文、武、周公及孔孟论及当下之情事，分析"真才之未显，实惠之未孚，冗食之未革"的原因，进而指出考课、省官、屯戍营田、平准均输等只要用人得力皆为良法。

> 汪应辰依据策问能博通古今，纵论当下之弊病，并辩驳析理，条理清晰地指出相关应对之策略、解决之方案，成为一篇经典的策问答案。

宋高宗读到汪应辰的策卷，顿感是文笔力老辣，直陈时弊一针见血，如老吏断狱，认为应试者应该属于年龄偏大的老成之人。谁知殿上唱对时，却是一位相貌不俗的英俊少年，为之甚喜。本来礼部考试时选黄中为第一，但高宗觉得汪应辰出身贫寒，而黄中则出身较好，应该提携寒门，于是把汪应辰取为进士第一，并亲自御书《中庸》篇赏赐给汪应辰。这时，宋高宗仍觉得汪应辰是位难得的少年英才，似乎哪些地方还和这位才子不符。汪应辰迎考时的名字为汪洋，高宗认为这个名字太俗，难以匹配状元之才气，而汪应辰中状元的年龄和宋仁宗时状元王拱辰中魁的年纪相仿，于是乎御笔一提将汪洋的名字赐为"应辰"。

> 就这样，出身寒门的汪应辰经过自己的奋斗，加之命运的垂青，成为科举史上少有的寒门状元。

其实，汪应辰早年聪慧，深得理学大师杨时弟子喻樗的精心培养，之后又结缘显宦赵鼎，年轻夺得首魁仍孜孜以学，并结识张九成、胡安国、吕本中等理学名儒，道德学问得到飞速提高。《宋历科状元录》卷五称汪应辰："合诸老之议论而齐同异之偏，总一代之统纪而揽其精微之会，故蓄而为学，则宏博深淳，明吾道之正纪；发而为文，则粹明温厚，为斯文之正宗。"

汪应辰中魁之后，深得显宦赵鼎的关照，让其从基层干起，参与各种锻炼。绍兴九年（公元1139年）任建州通判，绍兴十八年（公元1148年）任袁州通判，绍兴二十五年（公元1155年）任广州通判。汪应辰不满秦桧专权，时时指其弊政，深为秦桧所排斥。当时赵鼎遭秦桧迫害致死，无人敢于过问，汪应辰亲自为之筹办后事，并作祭文。张九成遭受秦桧打击被贬谪邵州，交游皆绝，但汪应辰仍能坚持与其通信。后来秦桧垮台后，

凭才取人：科举之勃兴

汪应辰才得以重任，出任吏部郎官。隆兴二年（公元1164年），任四川制置使，知成都府，治蜀有声绩。乾道三年（公元1167年），任吏部尚书，并兼任翰林学士侍读。

寒微出身的汪应辰，博学多识，与理学大师们交往颇多。其为官深知百姓疾苦，"刚方正直，敢言不逊"。朱熹也深为汪应辰的学问人品所叹服，朱熹《祭汪尚书》中言"公学贯九流，而不以为足。道高德备而不自以为德。位高势重而不自以为荣，盖玩心乎文武之未坠，抗志乎先民之所程。巍乎其若嵩岱之雄峙，浩乎其若沧海之涵淳。"甚者，宋孝宗为汪应辰画像题词曰："尔貌而丰，尔德而隆。奉亲克孝，事君克忠。才兼文武，学究鸿蒙。生今之世，得古之风。"

> 王十朋（公元1112—1171年），字龟龄，号梅溪，温州乐清人，宋代著名的诗人、政治家。

王十朋出生于一个偏僻的山村，他曾在诗中言"无功懒仕犹堪酒，故向东皋事田亩。自惭耕稼非老农，岁入何曾给糊口？"说明王十朋穷困潦倒，连生计都是问题。即便在这种情况下，王十朋仍然没有忘却读书仕进的梦想。他平时喜欢舞文弄墨，穷困的家庭无书可读，也没有可用于书写的纸张。

「王十朋」

为了实现读书写字的愿望，穷人自有穷人的办法，王十朋以干净的桌子为纸张，以心里暗自默记为书。在干净的桌子上每日写上几百字，然后再不断擦掉。在心里默默运筹，每日拟定数百言。就这样，日复一日，年复一年，王十朋的学问日渐增长。

温州在宋代属于科举文化比较发达之地，参加应试的举子很多，录取名额较少，常常一两百人才能录取一人。王十朋从青年时代开始应举，无奈竞争太激烈，屡战屡败。王十朋一方面要想办法养家糊口，另一方面还要为漫漫科考路进行准备。为使两者皆可兼顾，王十朋在家乡开办梅溪书院，通过授徒的微薄收入来生活，同时可以和他人切磋学问，这在当时可能是穷困读书人一个比较理想的创业模式。

绍兴十五年（公元1145年），30余岁的王十朋被录取为太学生。在宋代，太学生可以有更多的机会参与省试或殿试，王十朋命中进士的几率大增。但命运似乎没有眷顾这位穷困的读书人，接连几次的省试均以败北告终。绍兴二十四年（公元1154年），年届不惑的王十朋还是没有考中，面对生活拮据的家庭，回首艰辛的科考路，王十朋《林下十二子诗并序》言"梅溪野人既见黜于春官，齿发老矣，悟虚名之可厌，知林泉之足乐也。"多次的落第对一位读书人是多么无情的折磨，从年轻少年到"齿发老矣"，仍然未能如愿。对家庭富足的科考者而言，无非是时间的消磨；对穷困贫乏的应举者来说，无疑是精神炼狱。以至于钟情于考试的王十朋也觉得"虚名之可厌"，"林泉之足乐"，有点看破红尘，归隐山林之意。

> 命运时常会捉弄人，使许多应举者，在满怀希冀时，得到的却是失败；在面临绝望时，却能获得成功，这大概就是科举的魅力吧。

王十朋正是在这种纠结的心态中，再次拖着疲惫的身躯迈向考场。绍兴二十七年（公元1157年），王十朋考取该科进士第一名。

王十朋能够在近知天命之年命中状元，和他辛苦备考是密不可分的。同时，王十朋能在殿试中脱颖而出，与其善于答题有很大关系。何忠礼《从王十朋夺魁看宋代科举》指出御试的成绩王十朋是排名第九。对于该榜，宋高宗心仪举子的标准是"议论纯正，仍多切直"，"非特网罗人才，盖将以求直言之士……令取直言，置之上列，非为虚文"。宋高宗认为水平最高的举子应该是所论直陈其言，且助于改革国家弊政，而非空洞无物之文。王十朋的答卷不仅"切合题意"，"说理透彻，结构严密，逻辑性强，又富有文采"，"敢于直言极谏"。另外，还能很好地揣摩宋高宗的心理，并在考前已拟好腹稿，否则近万言的殿试策文在有限时间内能一气呵成，而且是逻辑严密，论证有力，富有文采，非常人所能及。当宋高宗拿到王十朋的策卷一看，顿时大喜，御笔一挥，题曰"经学淹通，议论醇正，可作第一人"。

凭才取人：科举之勃兴

> 王十朋出身寒微，屡试不第，最终获得状元，在其为官的仕途上，始终为百姓着想，为官清廉。虽仕至高位，仍洁身自好，以至于妻子去世于其泉州任上，他连送其妻子灵柩回老家的钱都没有。

王十朋《乞祠不允》中言"况臣糟糠妻，盖棺将及期。旅榇犹未还，儿女昼夜悲。"尽显心中的悲凉与无奈。因此，朱熹对王十朋评价甚高，称"闻其名，诵其言，观其行，而得其心，无不敛衽心服"。宋孝宗评王十朋是"南宋无双士，东都第一臣"。

唐代重视门第，考前又要进行行卷，让显宦们审阅自己的诗文，考试试卷又没有糊名，阅卷官直接可以看出是谁的试卷，从而形成座主门生等关系，一定程度上影响了选拔的公正性，导致"上品无寒门"。唐代极低的录取比率以及较高的考试成本，使许多贫寒之家出身的读书人很难有崭露头角的机会。宋虽承唐制，但在一定程度上革除了唐代科举选士的弊端，进一步完善了的科举选人公平性，这样使汪应辰、王十朋这样穷寒出身的读书人才有机会"暮登天子堂"。像才气超迈的著名政治家陈亮、敢于直谏的名臣蒋重珍、"位卑未敢忘忧国"的陆游、"先天下之忧而忧，后天下之乐而乐"的范仲淹等均是出身穷困，通过辛勤苦读而考中进士。"威震巴蜀"的郑刚中《封州自序诗》中言"我昔贫时冬少袴，四壁亦无惟有柱。自从脚蹈官职场，暖及奴胥妻子饫"。正是通过科举，郑刚中考中该科第三名。"家无斗粟藏"的命运发生了巨大改变。

文星灿烂

> 苏轼（公元1037—1101年），字子瞻，又字和仲，号东坡居士，眉州眉山人（今四川眉山市），北宋著名文学家、政治家，与父苏洵、弟苏辙并称"三苏"。"蜀道之难难于上青天"，位置的偏僻，一定程度上影响到蜀人在科举中的竞争力。

眉山在隋唐五代时，能中举者很少，读书人似乎把中举看成是遥不可

「苏轼」

「曾巩」

及的事情，逐渐淡化了科举入仕。此种现象并非世人不想当官，而是通过考试中举为官的机会太少，这块坚冰始终难以突破，窒息了眉山人读书进取的希望。

曾巩《赠职方员外郎苏君墓志铭》中指出苏轼的祖父苏序比较有远见，在别人不重视读书入仕时，苏序已经有意识地教育自己的子孙读书应举。天圣二年（公元1024年），苏轼的伯父苏涣考中进士，在当地引起很大的轰动，"迎者百里不绝"，苏氏门第由此开始显耀蜀地。天圣四年（公元1026年），苏洵首次参加科举考试落第，之后一直未应举。司马光《程夫人墓志铭》载苏洵"年二十七犹不学，一旦慨然谓夫人曰：'吾自视今犹可学，然家待我而生，学且废生，奈何？'夫人曰：'我欲言之久矣，恶使子为因我而学者。子苟有志，以生累我可也！'"苏洵母子一问一答中，可以看出苏洵27岁时准备发愤读书，以及其母亲对他的期待。

从此以后，苏洵谢绝往来，闭门勤奋读书。38岁时，苏洵举茂才不中，"悉取所为文数百篇焚之，益闭户读书，绝笔不为文辞者五六年，乃大究六经百家之说"，可见苏洵是非常重视应举之试。经过长期的历练，苏洵的诗文水平已经有一定的影响。雷简夫给别人写信时称苏洵《洪范论》"真王佐才也"，《史论》"真良史才也"。欧阳修称苏洵《权书》、《衡书》、《几策》等，"辞辩闳伟，博于古而宜于今，实有用之言，非特能文之士也"。但是，命运却总是没有垂青苏洵，嘉祐二年（公元1057年），49岁的苏洵才知贡举。苏洵能够知天命之年中贡举，和家人的理解与支持有很大关系，当其年少不喜读书时，其父苏序并没有责怪他，而是让其顿悟。在其27岁准备好好读书时，妻子并未因其成家而阻挠他继续读书，而是鼓励其立志成才。而其子苏轼、苏辙于该科登进士第。父亲屡试不第，儿子一举得中，可谓中国科举史上的悲喜剧。对于此事，苏洵也曾自嘲，"莫道登科易，老夫如登天。莫道登科难，小儿如拾芥。"

　　苏轼的父亲苏洵常年在外为举业奔波，但其母亲程氏出身名门，知书达理。苏轼 10 岁时，其母亲开始教其读书，谈论古今成败的历史典故。有一天，程氏读《后汉书》至《范滂传》，掩卷叹息。苏轼在旁边，问道："如果我是范滂，您愿意吗？"程氏曰："你如果为范滂，难道我就不能成为滂母吗？"苏轼更加刻苦勤奋，成年后，博通经史，为文日下数千言。

　　嘉祐二年（公元 1057 年），苏轼和其弟弟苏辙进京参加礼部考试，策论卷的题目《刑赏忠厚之至论》。苏轼从先秦的尧、舜、禹、商汤、周文王、周武王、周成王等君主待人宽厚，以德服人，以及使用刑罚得当立论，认为当执政者以忠厚长者来管理天下时，则天下之人都会以此来约束自己。主考官欧阳修读了《刑赏忠厚之至论》，大为惊叹，准备纳为第一，后来又担心这篇文章是门人曾巩所为，为避免嫌疑，就将其列入第二。

　　就这样苏轼本应拔得头筹，欧阳修内心的公平、公正选拔士人，使苏轼落为第二，是年苏轼 22 岁，苏辙 19 岁。

　　陪同苏轼、苏辙到京城参加应试的苏洵，趁着这个机会，将自己的诗文交给欧阳修等名流进行交流，深得欧阳修的推许。

　　嘉祐二年的贡举在中国科举文化史可以说是一个奇迹，该科的主考官是文坛领袖欧阳修，点检试卷官梅尧臣亦是著名诗人，考生有 6500 多人，最终录取进士 388 人，该科进士成名者如章惇两度为宰相，曾巩之弟曾布也当过宰相，理学名家有张载、程颢、吕大钧，而曾巩、苏轼、苏辙名列唐宋八大家之中。该科所录取之士，无论在政治上、思想上或是文学上，对宋代或者后世都产生了很大影响。

「苏辙」

　　在这次高手云集、录取率将近二十取一的激烈竞争中，苏轼兄弟能同时中榜，而且苏轼差点还是状元，可见他们的才华之高。

凭才取人：科举之勃兴

苏轼兄弟能够一路过关斩将，杀出科举重围，也是多方面原因造成的。其一，苏洵的影响。苏洵到知天命之年还未能考中进士，但其在科举征程上孜孜以求的态度对苏轼兄弟肯定有莫大影响，苏洵一定会把自己科举中的经验和教训传授给儿子，使其免走弯路。还有就是苏洵有意识地将苏轼兄弟介绍给一些名流，使他们在很年轻的时候就能为学界所关注。其二，母亲程氏的作用。程氏出身读书人之家，知晓读书的重要性，在苏洵在外忙于科考时，程氏在家亲自教授子女读书，使苏轼兄弟从小就受到良好的文化熏陶。其三，欧阳修任主考官的作用。欧阳修对选拔士人的观点和理念与众不同，他希望通过科举把有才华的人士选拔出来，且其选士的标准突破常规。王连旗《北宋嘉祐二年进士研究》中指出苏轼兄弟及曾巩能一榜中高第，"很大程度上正是得益于欧阳修在科场上对古文的大力提倡"。

> 黄庭坚（公元1045—1105年），字鲁直，号山谷道人，晚号涪翁，洪州分宁人（今江西九江修水县），北宋文学家、思想家，人称黄太史，与秦观、张耒、晁补之同游苏轼之门，被誉为"苏门四学士"。

黄庭坚在诗歌方面与苏轼齐名，并称"苏黄"；在书法方面，与苏轼、米芾、蔡襄并称"宋四家"。黄庭坚出生于科举世家，其祖父辈有十人命中进士，被誉为"十龙"。其父黄庶亦是进士，官至知府，喜好杜甫、韩愈诗文，有《伐檀集》传于世。黄庭坚的母亲李氏出身于仕宦家族，知书达理。

由于家学的熏陶、家风的传承，以及母亲李氏精心调教，黄庭坚自小聪慧异常，读书数行俱下，过目不忘，博闻强记。七岁时，遥见牧童放牛时的悠闲惬意，写下《牧童诗》"骑牛远远过前村，吹笛风斜隔陇闻。多少长安名利客，机关算尽不如君。"小小年纪便有洞晓世事之犀利眼光，而且不受世俗约束，敢于冒险。如其诗《漫尉》"豫章黄鲁直，既拙又狂痴。往在江湖南，渔樵乃其师。腰斧入白云，挥车棹清溪。虎豹不乱行，鸥鸟相与嬉。"自谑为拙、狂，甘拜渔夫、樵农为师，与鸥鸟相嬉戏，何等逍遥旷世之态。

由于父亲黄庶的去世，黄庭坚悠闲舒适的生活受到影响，甚至出现窘

凭才取人：科举之勃兴

于衣食、空甑无米的情况。黄庭坚只好寄食于舅家，舅父李常也喜欢诗书，对这位禀赋极高的外甥格外关照，常带其游学于淮南间，使年少的黄庭坚接触到许多学界大佬，如后来的岳父孙觉，系理学大师胡瑗的学生，与苏轼、曾巩等是好友。

可能是祖父辈命中的进士太多，黄庭坚对科举之业看的比较淡。嘉祐八年（公元1063年），黄庭坚在省试中获取第一。治平元年（公元1064年），参加礼部考试落第，黄庭坚没有像其他考生那样，考中者欣喜若狂，落第者黯然伤神，而是心平气和地欣赏了中榜名单。治平三年（公元1066年），再次参加考试，以《野无遗贤》为题作答，获得主考官的好评，称其"不惟文理冠场，异日当以诗文贯四海"，遂纳为第一。次年，参加礼部考试，中进士第。黄庭坚不仅诗文出类拔萃，深得苏轼的好评，其书法也是可以与米芾、蔡襄等人齐肩，判阅此种试卷可谓是一种享受。黄庭坚中第后，被任命为河南叶县县尉。

科举入仕，是读书人梦寐以求的事情，生性豪放的黄庭坚似乎不太重视此等功名，如其少年时所言"多少长安名利客，机关算尽不如君"，而对诗文创作兴致极高，其《赠丘十四》言"随人作计终后人，自成一家始逼真"。即黄庭坚不愿意做一位"名利客"，追求的是学术上的"自成一家"。因此，黄庭坚终其一生在仕途上无甚大的作为，始终位于中下层官吏，但在为文、做人方面却是高出千古，苏轼对黄庭坚评曰："瑰伟之文，妙绝当世，孝友之行，追配古人"。

> 黄震（公元1213—1281年），字东发，学者称于越先生，著名思想家，南宋慈溪人（今属宁波）。

黄震曾师从于朱熹的三传弟子王文贯，是东发学派创始人，参修宁宗、理宗实录，著有《黄氏日抄》、《古今纪要》，黄宗羲《宋元学案》中有其传记。黄震祖父辈虽然喜欢舞文弄墨，尤其是叔祖熟识古书，天资超诣，但没有取得什么功名。其父亲和兄长仍想在举业上努力得一功名，无奈命运不济，"皆无一成"。长时期耗于科举之业上，家道中落，以至于黄震之兄心灰意冷，遁迹空门。家庭的日趋贫穷，加之遭受他人欺凌，家人更是期望能够产生一位有功名之人，借以改变家族的颓运。家境贫寒，为了养家糊口，黄震一边种田，一边给别人讲课，同时还有勤奋备考。黄震毕竟是有家学传承，加之其勤奋苦读，宝祐四年，终于考中进士。

黄震生活在理学非常兴盛的时代，从学源而言，黄震当是朱熹学问的传人，但他并不是一味地盲从，对朱学、心学、佛教、道教等皆有批判。黄震和黄庭坚虽然都是富有才华之士，不同的是：黄庭坚生性豪放，少年得第，对为官兴致不大；黄震窘于生计，得第较晚，主张经世之学。黄震生活的时代，宋朝已是江河日下，各种弊政尽显无遗。在此情况下，谈论心性之学，义理之辨，已经是无济于事，黄震倡导躬行实践，以史为鉴，为国家觅求一种救亡之道。黄震这种注重求实的学风对明末清初的实学思潮产生了深远影响，诸如顾炎武、颜元、李塨的著述中经常引用黄震的言论。

> 黄震在文学方面颇有造诣，诸如在评点学方面，黄震对韩愈、柳宗元、欧阳修、苏轼、曾巩、黄庭坚等人的诗文皆有评点。

「柳宗元」

对于韩愈和柳宗元，黄震认为韩愈的文章论事析理，非常明白，柳宗元的文章是谀辞和受贬谪后的无聊呻吟之语，但也指出柳宗元在撰写人物及描绘山水方面有一定的才力。黄震非常欣赏欧阳修的文章，称其"非人力之可及"；苏轼之文为"奇才逸笔"，曾巩之文"平易不华，文章之正也"，黄庭坚之文"垂芳百世者，实以天性之忠孝，吾儒之论说"等。不管黄震对诸家的评点是否到位，应该说还是建构于他对诸家文章的领悟中指点江山，挥斥方遒。

> 宋代相对公平的选士方式，为更多的有才之士提供机会，使其有展露才华的平台，除了三苏、黄庭坚、黄震，还有欧阳修、杨万里、叶梦得、范仲淹、文天祥等文学才士通过科举走上政坛或者步入文坛，他们在文学方面的造诣，也造就了宋代文星灿烂、光彩照人的局面。

凭才取人：科举之勃兴

三元及第

> 两宋300年的科举史上，所录取的进士数以万计，共产生118位状元，其中长江流域占有25位。

宋代任命官员重视其出身，进士出身方为正途，将来发展的机会才会大些，而这些进士中的佼佼者，状元及第更是显耀夺目，尹洙曾言"状元登第，虽将兵数十万，恢复幽蓟，逐强虏于穷漠，凯歌劳还，献捷太庙，其荣也不可及也。"刚登第的状元其荣耀要超过带兵数十万，收复幽蓟之地凯歌而还的将军。而能在乡试、会试、殿试这三级国家重大考试中累次夺魁者更是少之又少。李心传《建炎以来朝野杂记》甲集卷十三《国朝三元》载"孙汉公，淳化三年举进士，自开封至南省、廷试皆第一，前未有也。至咸平五年，王沂公青州、南省、廷试皆第一。庆历二年杨寘、皇祐元年冯当世，复皆第一。宋有国二百余年，为三元者止此四人耳。"即大宋能够连中三元的也就荆门的孙何、青州的王曾、合肥的杨寘、咸宁的冯京，令人惊奇的是长江流域占有其中三位。

> 冯京（公元1021—1094年），字当世，鄂州江夏人（今湖北咸宁）。

其父冯式，宜州人（今属广西宜山县），后迁居咸宁县相山下，曾为左侍禁，也就是级别较低的武官。冯式曾做过商人，进行一些买卖，有学者认为其所得低职官衔可能是纳捐所得。冯式也曾希望通过读书入仕的方式来改变命运，无奈时运不济，没有获得什么功名，只好通过经商致富，然后以纳捐的方式来换取较低的头衔。作为商人，在经营过程中肯定会遇到种种不如意之事，诸如商家之间的挤兑，官府如毛的捐税等，冯式在自己读书无望的情况下，势必寄希望于儿子身上。《冯京墓志》称冯式"知书，善教子"，且

「冯京」

对冯京格外关照，有很高的期望。冯京从小聪慧异于常人，冯式认为这个儿子将来必定大贵。为鼓励冯京好好读书，冯式在冯京读过的书上"题官次、服色于后"，恰如宋真宗鼓励士人读书应举的书中自有黄金屋、颜如玉。冯式这种循循善诱的教导方式，对冯京的成才有很大帮助。

冯京的外祖父，有人认为是翰林学士朱昂，有的学者对此持有不同看法。但不管冯母是否出身名门，她其对子女的教育确实非常有方法。在冯式死后，冯母带着子女来到鄂州居住，并亲自担起教子读书的责任。冯母知晓欲让孩子们有所出息，必须要开阔眼界，见见大世面，和学问高的有名人士多交往。每当有贤达之士过其门时，冯母总是想法设法挽留款待，这样冯京很年轻时就有机会认识一些名流，这对于他以后的考试、仕进非常有帮助。在婚姻方面，冯母也是尽力让冯京能攀附高门第，冯京的原配妻子便是和范仲淹同榜进士王丝之女。冯母尽量给儿子创造各种进取发展的机会。

冯京本人，自小便颖异出众，被认为是神童，而且学习还非常努力。《冯京墓志》称"公少苦学，终老未尝一日弃书"。方勺《泊宅编》载冯京中第前曾在杭州一个寺院小住，比较落魄，因事遭到官府的纠缠，又没有钱进行打理，苦闷中只好赋诗一首于寺院墙上，颇似宋江不得志时在酒店墙上题诗一样，可能宋人有这种嗜好。一小吏看到冯京所题诗急忙告知县令，称这个穷酸秀才他日必定高贵。县令读过冯京所题诗，觉得他是个人才，立即把冯京释放了。其诗云："韩信栖迟项羽穷，手提长剑喝西风。可怜四海苍生眼，不识男儿未济中。"冯京以韩信、项羽的落魄自拟，充分显示其志向远大。罗大经在《鹤林玉露》中则展现冯京充满才气的一面，言说冯京曾在咸宁潜山寺读书，因家里穷好多日没有吃过肉，于是和伙伴们把寺院的看门狗烹吃了。僧人很是生气，就上诉到县衙。县令觉得读书人也不容易，想看看冯京有多大能耐，就让他做《偷狗赋》，如果赋做得好就免于追责。冯京略作构思，一挥而就，县令一看大喜，释之。其中有文"团饭引来，喜掉续貂之尾；索绹牵去，惊回顾兔之头"，顿显冯京应变之能及聪明才气。

冯京在随后的乡试、会试、殿试中均为头名，于皇祐元年（公元1049年）命中状元，可谓连中三元，名声享誉天下。宋人《三元祠记》称冯京"生而英爽俊迈，气盖一时，翰墨蹊径，绝人远甚。"官至参知政事，相当于副宰相。冯京在竞争激烈的科场中能够连中魁元，依靠的是实力，同时也有一定的运气。例如，李心传《建炎以来系年要录》载皇祐元年的科考，本来是沈文通考中第一，让宋仁宗进行定夺时，宋仁宗称"朕不欲以贵胄先天下寒畯"，即想选拔一些贫寒出身的为状元，于是便拟定冯京为第一，沈文通为第二。命运便在这一刹那间，发生了巨大改变，宋仁宗的选拔天下寒士的决策，造就了冯京的三元及第。

冯京年纪轻轻考中状元，体貌英俊，且是未婚，在当时榜下捉婿的风气下，可谓抢手的女婿。当朝张贵妃之父张尧佐凭借自己皇亲国戚的身份，在得知冯京为状元时，迫不及待把他迎接到家里，热情招待，出示丰厚的嫁妆，想把女儿嫁给冯京。冯京坚决不同意，称要遵从母亲的安排，娶王丝之女为妻。在别人看来，能娶张尧佐的女儿为妻等于又攀上皇帝这门亲戚，这是多么荣幸的事情，但冯京却嗤之以鼻，拒绝了张尧佐的诱婚。冯京以母亲的意愿娶王丝之女为妻，结婚第二年，王氏便去世了。冯京接着又娶了宰相富弼的长女为妻，但富弼长女于次年也去世了，冯京又继娶富弼的次女为妻。因此，冯京便有"两娶相门之女，三魁天下之儒"的说法。

宋代连中三元的，除了冯京，还有未得官而卒的安徽杨寊以及"荆门三凤"之孙何。

杨寊（公元1014—1044年），字审贤，合肥人。

杨寊和哥哥杨察是由母亲带大的，母亲对他们管教很严，并聘请教师教育他们，希望兄弟两个能出人头地。明道二年（公元1033年），杨察省试获得第二名，这已经是很不容易了。但杨母觉得儿子未能考中第一，仍是遗憾。景祐元年，杨察应礼部考试获得第三名，杨母还是感到不满意。杨察已经非常优秀了，可是在杨母眼里儿子应该是最棒的才行。杨寊在哥哥的影响下，在母亲的鞭策中，更加勤奋。乡试、会试均不负众望获得第一，殿试时王安石原本是第一，杨寊仅是第四，最终名次要经皇帝审定才行。宋仁宗看到王安石试卷中有些字眼不太舒服，觉得不能排第一名，而第二名、第三名均是有官职的人员不便变动，于是就把第一名和第四名进行互换,就这样杨寘也成为宋代少有的三元及第。杨寘的连中三元可以说和严格的家庭教育分不开的。但是,杨寘中状元后,还未有真正出任官员,便因病去世,可谓英年早逝的状元。

> 孙何(公元961—1004年),字汉公,荆门人。10岁开始识音韵,15岁能撰写文章。

孙何的父亲孙庸为孙氏兄弟能安心读书,在荆门东山修筑读书室。孙何诗文追韩愈、柳宗元之风格,当时已经有一定的声誉。当朝显宦、著名散文家王禹偁称孙何"在布衣为闻人,登仕宦为循吏,立朝为正臣,载笔为良史,司典谟,备顾问,为一代之名儒。……岂止一名一第哉",即王禹偁非常看好孙何,认为其前途广大,为官必是忠正之臣,为史官当是良史,将会成为一代名儒,考中进士已经不算什么了。

孙何能够在殿试中一举成名,还有一个小典故。欧阳修《归田录》载孙何与李庶几、钱易等人同场考试,在当时都是有一定名气的。李庶几才思敏捷,很快就把卷子答好交上,而孙何仍在冥思苦想,交卷子稍晚。宋太宗亲自审阅考卷,有大臣上奏称目前举子考试风气不好,写文章比较浅薄,讲求速度,以前录取的胡旦、梁灏等都是以写文章敏速而得第,导致风气趋于浮华,况且李庶几等人恃才放旷。宋太宗听后觉得应该扭转这种不良风气,于是把最先交卷子的李庶几等排除在外,纳孙何为第一,而李庶几、钱易等人则落第。随后,孙何的弟弟孙仅也命中状元、孙侑亦登进士第,被誉为"荆门三凤"。

少年英才的捷足先登

> 宋代的教育水平要比唐代高很多,尤其是书院教育方面,考生整体水平大有提高,使得考试竞争比较激烈。以至于出现父子同科,甚至儿子考中进士而父亲仍然没有考中的现象。

凭才取人：科举之勃兴

在这场拼实力又靠运气的竞争中，还是有不少少年才俊从中脱颖而出，诸如四川苏易简、江西晏殊、浙江王应麟等都是非常年轻就命中进士，尤其是晏殊14岁就成为进士。

苏易简（公元958—996年），字太简，号清溪，梓州铜山人（今四川中江）。太平兴国五年（公元980年），22岁的苏易简考中状元，系北宋朝四川的第一个状元，曾为翰林学士、参知政事，著有《文房四谱》、《续翰林志》等。尤其是《文房四谱》系统论述了文房四宝笔、墨、纸、砚的发展演变史及其取材等相关内容。

「苏易简」

苏易简自幼聪颖好学，风度奇秀，才思敏捷。考进士时，苏易简洋洋洒洒三千余言，一挥而就。宋太宗阅读苏易简的答卷，觉得文采飞扬，实为难得之才，遂拔为第一。但是苏易简有个不好的习惯，就是嗜酒如命。初入翰林院时，谢恩宴上一般要保持矜持，但苏易简却喝醉了，其他时间多是沉湎于酒中。宋太宗知道此事后，很为这个年轻有才的状元惋惜，多次劝诫他要少饮酒。宋太宗甚至亲自草书《劝酒》诗，让苏易简在母亲面前诵读，但效果不是太好。在翰林院工作期间，宋太宗赏识苏易简的才华，"待之若宾友"。苏易简继唐代李肇《翰林志》作《续翰林志》，宋太宗读之甚喜，并赋诗给苏易简，其文为"少年盛世兮为词臣，往古来今兮有几人？首书文章兮居翰林，儒名善守兮合缘夤。"宋太宗称苏易简为少年词臣。对其评价甚高，宋人称苏易简"由知制诰为学士，年未满三十，在翰林八年，特受人主之遇，复绝伦等，或一日至三召见。"苏易简年纪轻轻拔得头筹，深得帝皇喜爱，但不到四十岁就去世了，宋太宗对此叹息道："苏易简果然是因为饮酒过多而早逝。"

> 晏殊（公元991—1055年），字同叔，抚州府临川县人（今江西进贤县），是宋代著名的词人，被誉为"词仙"，官至宰相。曾编纂有大型类书《类要》，著有《临川集》、《三州集》等。

晏殊5岁时,作《白塔诗》"白塔青松古道栖,塔高松矮不能齐。时人莫讶青松小,他日松高塔又低。"此诗形象描述青松的无限潜力,晏殊认为自己就像青松一样,可以茁壮成长,是少儿志向远大的表现,堪比唐代骆宾王七岁所作《咏鹅》。七岁时,因家里贫穷没有按时交税,官差来捉人时,晏殊的父母不在家,就把

「白塔」

晏殊带到县衙。县令看晏殊长得很可爱,就问他识字否。晏殊张口作《青松诗》"矮矮青松倚曲栏,标姿无奈雪霜寒。如今正好低头看,他日擎天仰面难。"小小年纪出口成章,以诗言志,县令看出晏殊与众不同,将来必有大作为,于是免了晏殊家的差税。

「宋真宗」

晏殊7岁能为文作诗,名气愈来愈大,乡里称之为"神童"。景德元年(公元1004年),晏殊年仅14岁,被乡里以神童举荐参与考试。宋真宗召见晏殊和其他进士在廷中面试。晏殊年龄虽小,但毫不怯场,提笔一挥而就。真宗一看晏殊很有才气,非常高兴,赐其同进士出身。就这样,晏殊十四岁便考中进士,好比当今中国科技大学所录取的少年班一样,但晏殊能命中进士的难度比当今之少年班还要高。很有意思的是,在测试诗赋、策论时,晏殊拿到考题一看是做过的,便告诉考官,"我曾经做过这样的赋,请换成其他题目。"试想有多少举子提前临摹他人作品,想猜到考试题目便于提前押宝。毕竟这是一场千军万马竞争的无硝烟的战场,多少人梦寐以求希望自己能考中,但少年晏殊对这件事似乎看得很开,诚实考试、诚信做人。宋真宗听说这件事后,很喜欢晏殊这种为人诚实的性格,再看其换了题目的考卷仍然答得很好,便选拔他到秘书省工作。后

来得知晏殊不像其他中进士者沉湎于酒色之中，乐不思蜀，而把大多数时间用来看书，且很诚实，于是就让他辅佐太子读书。这样为晏殊后来仕途的发展就奠定了良好基础。

「迎春花」

晏殊少年得第，恰如所作《迎春花》"偏凌早春发，应谓众芳迟。"但其出身寒微，父亲仅是低级武官，父母对他的学习也没有什么指导，少年成才完全是靠自学得来。据说晏殊为了早起读书，让他母亲养只公鸡，鸡一啼鸣就马上起床读书，其成功的秘诀就在于能从小自我约束，并长期坚持下去。

晏殊中第后从政50年，虽然也有一定的波折，但基本上比较平稳，不像苏轼等人出现大起大落的情况，这与他做事的态度有很大关系，他不像苏易简为人轻浮，嗜酒如命，最终早死，且在仕途上没有大的作为。

> 晏殊为官时间较长，贵为宰相，在他的当官生涯中，注重教育，创办应天府书院，并聘请范仲淹为院长，使书院教育得到很好的发展，应天书院被誉为宋代四大书院之一，为朝廷培养大批人才。

晏殊胸怀开阔，善于推荐人才，诸如范仲淹、富弼、欧阳修、宋祁等均为其门生，多位至高位。他曾嘱咐王安石做事要"能容于物，物亦容矣"。

另外，晏殊做事非常严谨，恰如其少年时闻鸡啼而读书一样，能够持之以恒。《东都事略·晏殊传》中载宋真宗每次向其咨询事项，晏殊不是张口便说，而是用小纸片写字问真宗。参与朝廷机密事宜，都是用纸写成，以示重视及保密，所以宋真宗称其办事"谨密"。

少年中第的晏殊在宋代历史长河中，经历过荣耀，也品尝了落寞，如其词云"夕阳西下几时回"，"无可奈何花落去"。但其人其文深得世人高评，欧阳修称其"以文章为天下所宗"。王安石言其"感会真奇遇，飞扬独妙龄"，"文章晋康乐，经术汉公孙"，"功名千载下，不负汉廷臣"。

> 王应麟（公元1223—1296年），字伯厚，号深宁居士，又称厚斋先生，庆元府鄞县人（今浙江宁波），官至礼部尚书。其研究领域涉及天文、地理、史学、文献学、目录学等，著有《困学纪闻》、《玉海》等30余种。王应麟是一位博学多才之士，清代四库馆臣称"博洽多闻，在宋代罕其伦比"。淳祐元年（公元1241年），年仅19岁登进士第。宝祐四年（公元1256年），34岁中博学鸿词科。

「王应麟」

王应麟能够少年得第，并且考中博学鸿词科，与其父亲王撝的有意识引导是分不开的，有学者称其"渊源家学，蔚为大儒，有自来矣。"王撝是嘉定十六年（公元1223年）进士，博学多识，曾任吏部郎中兼国史院编修官，参与修订实录及国史。也曾参与朝廷的博学鸿词科考试，无奈没有考中，于是就把这个愿望寄托在儿子们身上。

博学宏词科是南宋为选拔博学多才人员的特定考试，考试科目众多，涉及内容广泛。考试门类有十二种，包括诰、诏书、表、檄、铭、颂、序等，考试分为三场，每场都要涵及古今，并且三年才开考一次，由于博学宏词科考试难度太大，以至于在一百多年间，能够有所斩获的也就25科，每科按规定取5人，实际上每科最多不超过4人，25科总共录取40人，平均每科录取不足两人。王应麟能考中博学宏词科者，可谓进士中之进士。南宋一朝命中者寥寥，可一旦命中，大多前程似锦，不少人甚至位至宰相，故四库馆臣称"至绍兴而定为博学宏词之名，重立试格。于是南宋一代通儒硕学多由是出，最号得人"。

王撝深知博学宏词科考试的难度，于是利用自己的人脉从考中博学宏词科的官员，如洪迈、周必大等那里借阅其备考图书，并向一些藏书家借阅罕见图书。王撝对王应麟兄弟要求非常严格，经常检查他们的学习情况，

凭才取人：科举之勃兴

有时拟定题目让其兄弟在堂下答题，自己则坐在堂上监督，并且以蜡烛燃烧为限，如果速度慢的话还要受到斥责。王撝对儿子的教学检查就像高考前的模拟考试一样，限时限量，有这样的严格规范要求，王应麟兄弟的学业自然增长迅速。

在父亲的影响下，王应麟七八岁就能熟背《诗经》、《论语》等，九岁就通读六经，被誉为神童。还有王应麟生活的鄞县属于学问比较发达的四明地区，当时有关、洛之学和二程诸公之学、朱子之理学、陆九渊之心学、吕祖谦之婺学及永嘉事功学在这里激荡融汇，而朱子理学影响更大。因此王应麟在学问上博取众家之长，在各方面多有造诣，走博通之路。

淳祐元年（公元 1241 年），年仅 19 岁的王应麟登进士第。要是一般人都很知足了，可是，王应麟觉得进士一科所考内容较少，沽名钓誉，对于制度等方面还不了解，并不是国家所需要的"通儒"之才。

王应麟于是利用空余时间，钻研各种学问，按照博学宏词科的要求，系统阅读各种书籍，并把相关材料分门别类做成卡片，分为天文、律历、地理、郡国、户口、河渠、田制、贡赋、钱币等一百多个门类，每一类都以年代的先后顺序汇聚一起，就是一个个专题性知识汇编，最后纂成两百卷的《玉海》。《玉海》实际上就是一种类书，宋代类似这样的类书有几部，其他的类书是官方弄一个写作班子，搞定体例，集体写作。而《玉海》是王应麟一个人用时 10 多年，仔细搜罗相关文献资料，最后按照自己的构思体系编纂而成。宝祐三年（公元 1255 年），王应麟花费 15 年的时间终于纂成《玉海》，这个艰难辛苦的写作过程，也是他知识积累的过程。王应麟的大脑就像一个电脑处理器一样，把散落于不同角落的知识搜集一起，然后再予以分类处理。通过这个漫长的过程，王应麟学识大涨。

宝祐四年（公元 1256 年），34 岁的王应麟顺利通过了朝廷的博学宏词科考试，也算完成了父亲王撝的心愿。

王应麟的成功可以说与家庭的教育，尤其是父亲的严格教育有很大关系，在他和父亲的影响下，他的弟弟王应凤也先后考取进士和博学宏词科，这在南宋科举史上还是很少见的。

在宋代除了苏易简、晏殊、王应麟，还有一些是很年轻就获取进士及第，像合肥姚铉、湖州卢革 16 岁考取进士，江阴葛宫 17 岁考取进士，成都卞衮、眉山苏涣、饶州洪迈、庐陵欧阳修、新安聂冠卿、富阳谢绛等是20多岁就考取进士。这些年轻进士有的是天生异材，有的是家学传承，有的是师门渊源，不一而足，但有一点是相同的，他们都是通过辛勤苦读才在激烈竞争中获取成功的。

英雄白首的漫漫考程

宋代历代皇帝在任用官吏方面，比较看重进士出身者，北宋的宰相绝大部分是进士出身，南宋宰相全部是进士出身。这样一来，科举就成为众多寒士跻身官场、获取功名的主要途径，"非是途也，虽孔、孟无由而进"。

前面已经说过，宋仁宗《劝学文》中直言不讳道："朕观无学人，无物堪比伦。若比于草木，草有灵芝木有椿；若比于禽兽，禽有鸾凤兽有麟；若比于粪土，粪滋五谷土养民。世间无限物，无比无学人"。在这位皇帝眼里不读书之人甚至连草木、禽兽、粪土都不如。司马光《劝学歌》中亦言"勉后生，力求学，投明师，莫自昧"，只要能考中进士，"室中若未结亲姻，自有佳人求匹配"，这与宋真宗所言"书中自有颜如玉"无甚区别。正是为政者的不断呼吁，国家政策的多方刺激，读书应举的人规模巨大，"孤村到晓犹灯火，知有人家夜读书"。即便偏僻的小村子，仍有为功名孜孜读书者。大量读书人都想挤上科举这条大船驶向成功的彼岸，无论富贵之门或是贫寒之家，都是要上了这条船才行，在这种百舸争流的情况下，有英才少年的

「司马光」

凭才取人：科举之勃兴

捷足先登，有贫寒出身的华丽转身，有成为政坛或文坛的耀眼明星，有拔得头筹乃至连中三元的幸运，这一切是读书人梦想成真的表现。但在这场无烟的战争中，绝大多数人还是要忍受失败的痛楚，出现屡败屡战的顽强，以及屡战屡败的无奈，许多士子为此熬白了头，甚至走向了不归路。

> 董德元（公元1096—1163年），字体仁，江西永丰人（今乐安县），55岁时获恩赐状元，曾官至参知政事。

董德元生活的地方读书氛围很浓，其宗族中产生了不少进士，但董德元这一支脉相对有点黯然，其祖父、父亲都曾经过一番努力，无奈运气使然，均未获得科名。面对其他本家的辉煌，董德元幼小的心理也是受了莫大的刺激。从小读书就非常刻苦，很早就中了秀才，20岁时参加乡试，折得桂冠，在当地也是小有名气，但在进士科的征程中却是屡屡不得志。失意与苦闷中，董德元写下《柳梢青》，其文为："满腹文章，满头霜雪，满面埃尘。直到如今，别无收拾，只有清贫。功名已是因循，最懊恨张巡、李巡，几个明年，几番好运，只是瞒人。"看到别人金榜题名，而自己却总是与榜无缘。空有一肚子学问，熬得满头白发，灰头土脸，仍旧没有考中，荣光耀祖之事总是遥遥无期。

董德元屡试不第，年纪也大了，依宋代的规定通过恩科获得一助教的位置，由于待遇较低，生活窘困，难以养家糊口，只好到有钱人家当私塾先生。绍兴十七年（公元1147年）秋，又是一年参加科考的时间，一些参加考试的人便要董德元一起去贡场。董德元这时已年过知天命，以往为家族奋起应考的志向已慢慢淡化，甚至不想去参加考试。无奈在朋友们的劝说下，再次一同赴考。经过临江时，遇到郡守彭合，和董德元是同乡人。但彭合一看董德元是借助朝廷怜悯的恩科获得虚位，很是怠慢，董德元心里也明白彭合是看不起他的出身，于是暗下决心一定要凭自己的实力考上，成为名副其实的进士。是年，董德元顺利通过荐选。绍兴十八年（公元1148年），董德元参加廷试，获取第一，王佐为第二。由于董德元以前中过恩榜有一定官职，以大宋惯例是不能为状元的，于是只有和王佐对换，成为第二名。但宋高宗一看董德元虽然年龄大点，可是才华出众，于是乎恩赐为第一。董德元的家乡县令获悉其中了该县历代上第一位状元，为奖励董德元，也为了鼓励后人，专门为其在恩江边上建一座规模宏大的状元楼，而且"状元楼"三字还是同科进士朱熹亲笔书写的。县令特作贺诗一首："龙头夺得锦标归，雅称高楼大字题。冠世文章亲帝选，惊人身价与云齐。上光华盖峰三叠，下瞰仙源水一溪。此去蟾宫应不远，诸公继踵上天梯。"

「朱熹」

董德元中第后，被授予左承事郎、金书镇南军判官，返回途中，再次经过临江，老乡彭合派人拿着公状去迎接。董德元在纸的下端批曰："黄牒初开墨未干，君恩重许拜金銮。故乡知己来相迓，便是从前老榜官。"彭合看后很是后悔，觉得当初不应该小瞧董德元。经过六七年，董德元很快就升为侍御史，而彭合还没有得到升迁。

董德元50多岁中状元之事已是永丰县的励志案例，历代都大力推扬他的事迹。当地理学名士曾丰为状元楼作记，明清时期不断对状元楼进行维护。

> 朱南功，字元勋，湖州安吉人。自幼喜欢读书，博闻强记，凡是看过的书，能够想到的，都用手抄下来，真是不动笔墨不看书。

朱南功把读过的诸子百家之书，认为有用或者比较经典的字句认真进行摘抄，称之为《诸子粹言》，应该说朱南功在读书方面还是下了功夫。绍兴二十六年（公元1156年），参加贡举，没有考中。为了生计，只好成为一些达官贵人们的门客。赵彦肤将朱南功介绍给一位友人作女婿，后来赵彦肤到福建做官，就把朱南功招致麾下，谈天论道，其乐融融。淳熙十一年（公元1184年），朱南功已经有三次免举的资格，但路途遥远总是错过省试的机会。这次朱南功提前两个月从福建来到都城临安，由于长时间没有接触举业试题，有点生疏。为了专心备考，朱南功在一个很深的巷子里租间房屋，一心一意复习考试，也不与其他举子往来酬唱，准备破

凭才取人：科举之勃兴

釜沉舟，奋力一搏，实现几十年的的愿望。

省试很快就考完了，可能是太兴奋，亦可能是太紧张，一天晚上，朱南功在梦中梦见一位身材高大穿着金光灿灿铠甲的大神，手拿一块黑牌阔步进入房间。黑牌上仅写一"福"字，大神把这个牌子挂在墙壁上，刚开始这个"福"字还很清楚，没过多久字就看不见了，和黑牌混为一体。纠结中，朱南功从梦中醒来，认为大神弄一个"福"字来应该是吉祥之兆，但又一想"福"字怎么突然成黑的，这说明虽然有好运，但不一定能够承受得起。省试揭榜，朱南功再次下第，根据朝廷惯例，朱南功已过六十，具有享受恩科的资格，于是被纳入进士第五等，授予福州助教。当时，已经63岁的他没有再升迁的机会，只有谢皇恩而归。没过多久，朱南功就去世了。朱南功从应贡举到最后获得恩科，前后持续了30年，甚至在梦中都希望自己能考中，无奈命运之神仍把"福"字变成黑的。只有接受不为世人看好的恩科，也算聊作安慰。在宋代类似朱南功这样白首执意举业的太多，这和我们当下媒体所言六七十岁还要参加高考的"大龄"考生是不一样的，他们是在享受学习、享受考试的过程，而朱南功则是追求考试的结果。

北宋词人柳永（公元987—1053年），字景庄，大中祥符二年（公元1009年）参加省试，自认为水平不错肯定能考中，但命运却与他开个玩笑，落第而归。柳永愤然作《鹤冲天·黄金榜上》"黄金榜上，偶失龙头望。明代暂遗贤，如何向？……忍把浮名，换了浅斟低唱。"此时的柳永应该是少年气盛，对于没有考中满腹牢骚，但接下来又是数次不第，一直到景祐元年（公元1034年），这位天才词人才算命中进士，距其首次考试已经过了25年，且是到了快知天命的年龄才获得一第。

周紫芝（公元1082—1155年），字少隐，号竹坡居士，宣城人（今安徽宣州市）。出身卑微，家境贫寒，只有通过读书入仕

「柳永」

才能改变自己的命运。其《答田券示徐伯达》言"仆行年几六十，老稚逾百指，初无尺寸之田，常仰食于他人，盖世未有贫于此者"。生活穷困潦倒，又屡次考试不第，到了60岁还没有取得功名，试想精神方面的压力该有多大，但周紫芝一直坚持下来。绍兴十二年（公元1142年），周紫芝以廷对第三的成绩考取进士，即探花。即便61岁才命中进士，周紫芝在仕途上发展还算顺利，曾任枢密院编修官、右司员外郎。

北宋末年苏州龚明之（公元1091—1182年），字希仲，号五休居士，曾著有《中吴纪闻》。屡试不第，60岁才举乡贡，有人劝他为以后着想把年龄改小一点。龚明之笑着答道："我一生从来不说假话，不能自欺欺人"。于是，龚明之按实际年龄参加乡贡。70岁时，龚明之因为年纪过大，被特恩参与廷试，获得进士，古稀之年获得高州文学的职位。

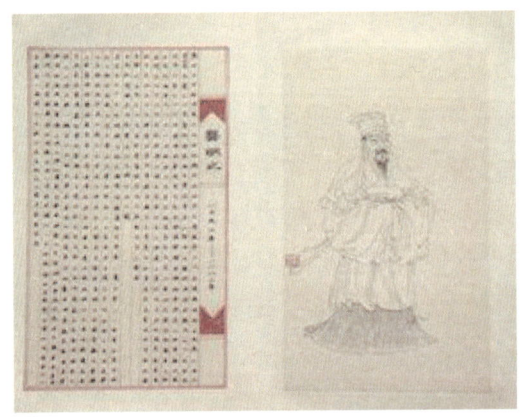

「龚明之」

绍兴八年（公元1138年），福州人陈修参加考试，考题"四海想中兴之美赋"，陈修第五韵隔对云："葱岭金堤，不日复广轮之土；泰山玉牒，何时清封禅之尘。"当时的省试考卷皇帝一般要看下，南渡后的高宗一看到陈修这样的答题，触景生情，只有收复故土，才能泰山封禅，禁不住黯然泪下。高宗非常感触陈修所写的内容，并把它粘在宫殿墙壁之上，以提醒自己收复河山之责。等到报名次时，高宗问道："你就是陈修，多大年龄了？"对曰："臣已经七十三岁"。"有几个儿子？"曰："尚未婚娶"。高宗一听很吃惊，为了考试70多岁还没有娶老婆，于是下诏把内宫宫女施氏嫁给陈修，并且赏赐丰厚的嫁妆。施氏是年30岁，因为两者年龄相差悬殊，有人便开玩笑，"新人若问郎年几，五十年前二十三。"如陈修之例，詹义登科后，亦曾作诗自嘲云："读尽诗书五六担，老来方得一青衫。佳人问我年多少，五十年前二十三。"

南宋临川唐必达从绍兴二十年（公元1150年）预乡贡，1151年乡试

凭才取人：科举之勃兴

不第，然后五举未中，其中有两次因其他事由耽误未能参加考试。在淳熙五年（公元1178年），直接获取省试资格，但省试又四次不中。淳熙十一年（公元1184年），好不容易通过省试，能够有机会参与廷试，却遗憾死于旅舍之中。其同乡临川吴仲谷的从曾祖吴炳若于绍兴二十六年（公元1156年）获得乡贡，然后历经二十九年，五次赴省试才登第。吴炳若与唐必达一同赶考,可谓同命相怜,当唐必达为考试客死他乡时,家庭穷困，儿子又很小，无法归葬。吴炳若没有办法，只好写一个帖子恳求在京城的老乡能够予以帮助。最后，在吴炳若的努力下，唐必达的灵柩才得以运回老家。为了获取功名，唐必达前后30余年才获得廷试资格，却无缘参加，且死在异乡。而吴炳若也是经过29年才进士登第。

南宋文学家吉州人刘过四次应举不中，只好流落江湖，惟有自叹云"荡荡天门叫不应，起寻归路叹南行"，"伤心故国三千里，才是余杭第一程"，"四举无成，十年不调，大宋神仙刘秀才。"刘过从江西吉州数次千里迢迢到都城临安参加考试，难以登第，最后只好放弃举业，以布衣自称。

> 宋代读书人应举蔚然成风，其原因是多方面的，其中一点是普天下读书人共有的，就是都想通过应举换得一个进士的金字招牌。

应举人数的急剧增长，而录取人数相对增长过缓，必然会出现僧多粥少的局面。许多人为了中举，从乡贡、省试都要经过几个回合，能一次顺利通过者很少。像董德元、朱南功、周紫芝、龚明之、陈修、吴炳若等要经过几十年的奋斗才能中举，他们还算幸运的，终归如愿以偿。像唐必达这样为了应举而客死他乡者亦不少。邵伯温《邵氏闻见录》卷二载："远方寒士殿试下第，贫不能归，多至失所，有赴河而死者。"如柳永这样的文学才子都要经过二十余年才能命中一第，其他才学稍浅之人考中的几率更是可以想象。

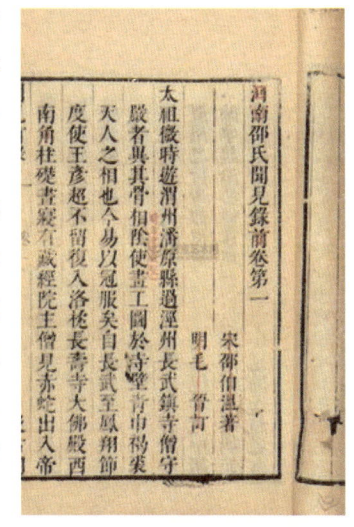

「《邵氏闻见录》」

为了解决屡次不第影响读书人进取心的问题，宋真宗曾言"如闻科场举人有累举不第、年龄已高、无家可归者，深可衿悯。宜令广示搜罗，特与奏名"。宋仁宗于景祐元年（公元1034年），诏曰："朕念天下士乡学益蕃，而取人之路尚狭，或栖迟田里，白首而不得进。其令南省就试进士、诸科，十取其二。进士五举年五十、诸科六举年六十，尝经殿试进士三举、诸科五举，及尝预先朝御试，虽试文不合格，毋辄黜，皆以名闻。自此率以为常。"从北宋中叶开始实行特奏名制，即参加省试五次且年龄达50，其他科目参加6次且年龄达60，都可以恩科赐予进士。南宋时特奏名制的门槛相对更低。对于特奏名制，蔡绦《铁围山丛谈》中"国朝科制，恩榜号特奏名，本录潦倒于场屋，以一命之服而收天下士心"。政府通过特奏名制这种恩科的方式解决一部分考生老死场屋的现象，鼓励读书人积极进取。虽然特奏名的恩科不属于正途，其待遇无法与正科进士相比，但还是有许多读书人，抱着

「《铁围山丛谈》」

侥幸心理，一次又一次地应举，即便考不取正科，没有功劳也有苦劳，可以换取恩科。恰如《全宋文》中所载"青衿就学，白首空归。屡陈乡老之书，不预贤能之选。靡负激昂而自励，止期华皓以见收"。即部分人还是有钻空子的心理，苦耗岁月，以期见收。

> 在宋代重文轻武的政策下，取士不讲门第，不问贫富，均可应举，而且选拔官吏以进士出身为优。实行糊名、誊录之制，皇帝亲自参与殿试，使读书人感受到只要能考中进士，便是天子门生。

王安石《李璋下第》云"浩荡宫门白日开，君王高拱试群材"，"男儿独患无名尔，将相谁云有种哉？"这是多么富有煽动性的鼓励，与陈胜、

凭才取人：科举之勃兴

吴广所言"王侯将相宁有种乎"没有多大差别，只要读书人有志向，早晚都会为将为相的一天。正是在这种科举氛围中，读书人都想通过应举改变命运，尤其是寒门之子，更想实现"暮登天子堂"的愿望。北宋后期，便出现"秉笔者如林，趋选者如云"的科举盛况，理学家朱熹称"居今之世，使孔子复生，也不免应举"。

长江流域的科举文化应该也是从宋代开始才逐渐兴起，唐五代时期，由于每科录取名额甚少，像荆南在唐代每年都送举人远赴京城应考，四五十年没有考中一人，称之为"天荒"，直到大中四年（公元850年），刘蜕才好不容易命中，称为"破天荒"。更不用说离都城更远的江浙一代，每科命中的人数更少。宋代随着政治中心、文化中心的逐步南移，以及南方的相对稳定、书院教育的相对发达，长江流域的科举文化日渐繁荣，尤其是长江中下游的荆楚、江左、江右、吴越及永嘉地区更是人才辈出，在全国的竞争中逐渐展现出优势。宋仁宗时期，吴孝宗《余干县学记》中言"古者江南不能与中土等，宋受天命，然后七闽、二浙与江之东、西，冠带《诗》《书》，翕然大肆，人才之盛，遂甲于天下"。对于江南科举之盛，南宋王明清言"国初每岁放榜，取士极少。如安德裕作魁日，九人而已。盖天下未混一也。至太宗朝浸多，所得率江南之秀。"

宋代全国有名的四大书院，江南占有其三，即白鹿洞书院、石鼓书院及岳麓书院，欧阳修曾言"庆历中，诏天下大兴学校，东南多学者，而湖、杭尤甚"。

> 教育的发达在一定程度上造就读书人的竞争优势，像宋代所产生的三元及第，绝大多数为江南人所包揽。

宋代在应举考试内容上虽然是经义与诗赋并重，实际上偏重于理学。北方读书人重视经史，而疏于理学、辞章，这样在同一平台竞争时便处于劣势。尤其是南宋，朱熹思想成为取士的标准，使长江流域的安徽、江浙、江右等地的读书人更具有竞争优势，在应试水平上更是高出一筹。虽然宋代取消了行卷、温卷之类，但是思想主流侧重于理学方面，考试题目也多在这方面做文章，江南又是盛产理学大师之地，书院教育的兴盛，使江南学子如浴春风。像宋代思想家胡瑗育人有方，跟着他学习的人经常有数百人，每年礼部所选中的进士，胡瑗的弟子"十常居四五"，穿戴打扮、言行举止都比较相似，人们虽然不认识他们，但一看就知道这是胡瑗的学生。这就是大师规范教育的效果。类似这样的大师，还有湖南周敦颐、徽州婺源（今属江西）朱熹、江西陆九渊、四川张栻以及浙江的吕祖谦、叶适、陈傅良等，这些理学大师以自己学识成为当地教育的典范，从而引领长江流域的科举文化蓬勃发展。

云蒸霞蔚：科举之鼎盛

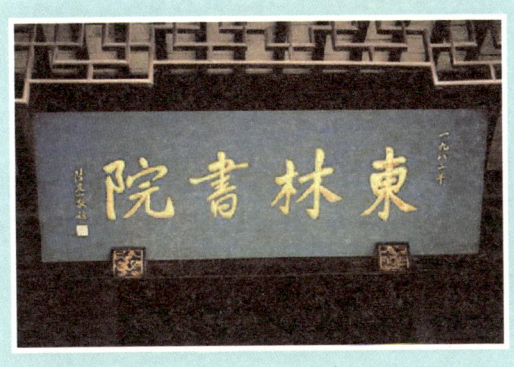

　　科举选士之制经隋唐迄宋元数百年的验证，体现了其选拔人才的公正性及便捷性。明代初年，朱元璋对科举考试的资格、内容及程式等便有一个明确的规定，科举考试愈加常态化、规范化，基本成为朝廷选官一个重要途径。

明太祖朱元璋扫定群雄，建立大明帝国，面对一片疮痍，急需大量有才华之士进入朝廷。而科举选士之制，经隋唐迄宋元数百年的验证，体现了其选拔人才的公正性及便捷性。明代初年，朱元璋对科举考试的资格、内容及程式等便有一个明确的规定。诸如读书人要通过乡试、会试、殿试才能真正成为进士，每三年一考成为定制，由皇帝亲自参与殿试，决定一甲的合适人选。

洪武三年（公元1370年），朱元璋下诏称"自今年八月为始，特设科举以起怀才抱道之士，务在经明行修，博通古今，文质得中，名实相称，其中选者，朕将亲策于庭，观其学识，第其高下，而任之以官"，"非科举者毋得与官"。即通过科举选拔有才识者为官。实际上，明代在任用官员时主要看中进士出身，如明人黄淮称"历代取士之途不一，独进士一科久而愈盛。爰及我朝，稽古右文，而进士为尤重。"对于此种现象，赵翼亦言"有明一代，最重进士，凡京朝官清要之职，举人皆不得与；即同一外选也，繁要之缺，必待甲科，而乙科仅得遥远简小之缺，其升调之法亦多不同。"即只有考中进士才有资格获取京官或者一些比较好的职位。李世珍《明代江西状元研究》指出明代列七卿者共有528人，其中进士出身达320人，占总数的54.98%，而163名宰辅中，其中158人为科举出身，占宰辅总人数的96.34%。至于"非进士不入翰林，非翰林不入内阁，南北礼部尚书、侍郎及吏部右侍郎，非翰林不任。"导致读书人不但要考中进士，而且尽可能考中一个好的名次，譬如一甲或者二甲，这样才有机会进入翰林院、内阁等。

> 明代科举考试愈加常态化、规范化，基本成为朝廷选官一个重要途径。读书人把命运的转变寄托在科举考试上，以考中进士为荣。

明初，由于全国统一录取进士，这样导致北方读书人考中进士的机会很小，从而引起北方读书人的不满。经过明太祖、明仁宗、明宣宗等几代皇帝的努力，最终确定南北分卷，进而达到定额录取，使选拔人才的涉及面更广一些。而且通过殿试，由皇帝亲自决断挑选最优秀的人才，使一个个才华横溢的状元脱颖而出。同时，由于经济发展水平的差异以及文化教

云蒸霞蔚：科举之鼎盛

育的不均衡等因素，导致部分区域产生进士的数量远远大于其他地方，长江流域的江西、江苏、浙江、安徽等地进士数量尤其众多。

牵动天子的科考

> 科举从隋唐开始便承提起为朝廷选举人才的重任，如何选拔人才，选择什么样的人才，这都是历代帝王所关注的。

大业三年（公元607年），隋炀帝下诏："夫孝悌有闻，人伦之本，德政敦厚，立身之基。或节义可称，或操履清洁，所以激贪厉俗，有益风化。……朕当待以不次，随才升擢。"为改变凭借门第选人的弊端，隋炀帝指出要选拔道德敦厚、节义可陈之人，根据其才华予以任用，并开设相应秀才科、进士科、明经科、孝廉及俊士科，在报名资格、考试程序及考试内容等进行相关规定。唐承隋制，唐太宗、唐玄宗及武则天在位时期，从不同角度改进科举方面的弊端，尽量使人才形成良性循环，一定程度上摆脱门第对人才的选拔的影响，这样使众多读书人开始埋首科名，最终"天下英雄，入吾彀中矣"。宋代，帝王为了"惩创五季（五代），而矫唐末之失策"，纠正唐代所形成的门生座主关系，实行糊名、誊录及殿试之制，所有登科人皆为"天子门生"。经过历代选拔人才方式的改变，随着政治、经济、文化中心的南移以及书院教育的兴盛，长江流域的读书人逐渐成为科举竞争的受益者。到宋代，长江流域的安徽、江浙、江右等地的读书人更具有竞争优势，在应试水平上更是高出一筹。

明代朱元璋在位时期，对科举考试内容、程式及录取人数等方面进行明确规定，

「朱元璋」

长江文明之旅·科举万象

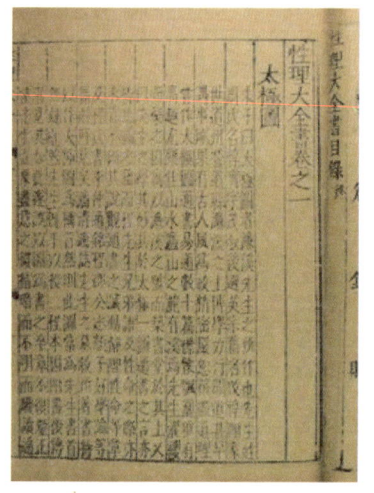

「《性理大全》」

并逐渐固定下来。洪武三年（1370年）五月，朝廷下诏恢复科举。在考试程式上，实行乡试、会试各三场，在考试内容上"初场试经义二道，《四书》义一道；二场论一道；三场策一道。中试后十日，复以骑、射、书、算、律五事试之。"明成祖时，把《四书》《五经》及《性理大全》规定为考试的指定科目，成为官学中的指定教材，逐渐形成儒学一尊的规格。在这种情况下，学校教育发达的长江流域在这种竞争中逐渐凸显其明显的优势，如江西吉水盛传"五里三状元，一门三进士，隔河两都堂，百步两尚书，十里九布政，九子十知州"。

在数十年里，一个方圆数里的小地方能产生三个状元，一个家族能产生三个进士等现象。长江流域的举士之盛可以想象。对于长江流域的科举优势，最明显的一个案例就是洪武三十年（公元1397年）的南北榜案。

明代初年，会试是面向全国录取，录取进士的总数是固定的，但是各地因文化教育水平的差异，所考中的名额是不一样的。洪武二十七（公元1394年），该科总共录取99人，其中浙江24人，江西14人，湖广4人，直隶8人，四川3人，其余地区占43人，相比而言长江流域占有一定的优势，但是其他区域也有少量名额。洪武三十年（公元1397年）二月，该科共录取52人，全部为南方人，其中三分之二源自长江流域。待考试结果一公布，北方举子一片哗然，长时期积累在北方考生心中的郁闷一下爆发了。纷纷联名上奏朝廷，控告主考官湖南人刘三吾徇私舞弊，偏向南方人。朱元璋看到奏疏后，勃然大怒，命令侍读张信等人对落第试卷进行复查。令人意外的是，张信等人经过紧张有序地认真复核，发现落第试卷确实水平较差，出现文理不通，甚至有违禁语言，维持原有的录取结果。这样一搞，等于白折腾，北方举子肯定不愿意，再次上疏朝廷，指控刘三吾暗地串通张信等人，欺上瞒下，故意把水平低、文字粗糙的试卷挑选出来进行评审。

云蒸霞蔚：科举之鼎盛

朱元璋看到北方举子怨气高涨，举国上下，议论纷纷。本来很好的公平、公正的选才制度，要把全国优秀的人才选拔出来，没想到经过这么一闹，反而影响到民众的和谐。朱元璋非常恼怒，下令将作弊者张信等人处死，刘三吾因为年迈被流放戍边。同时，朱元璋亲自拟题，重新考试，最后录取61人，全部为北方人，这是明代唯一一次一年两榜，被誉为"南北榜"。此次事件被称为"科考案"。

洪武三十年的会试，是否是主考刘三吾的违规作弊，导致是科录取的全是南方人？笔者认为可能性不大。首先，明初的考试规程比较严格，很少有作弊空间，况且是这种大规模的作弊。其次，主考刘三吾为人宽厚本分，自号"坦坦翁"，为官公正无私，是朝廷可以信赖的重臣。为学博文广识，官方出版《大诰》及《洪范注》都需要刘三吾作序。刘三吾年岁较长，属于忠厚长者，与汪叡、朱善号为"三老"。由此可见，导致这场科考案的主要原因是长江流域的文化水平要远远高于其他地区，中进士的几率更大些，这样势必占有其他地区的资源。

> 从"南北榜"案看，表面上是北方人不服气，认为刘三吾作弊。实际上是南北方教育水平差异的体现，南方人善于为文，在考试中比较有竞争力，这样才导致南方考生在科举考试中要占有绝对优势。

对于科举考试中重视论、策，南方人比较有优势的情况，一些朝臣也指出其弊端。洪熙元年（公元1425年）四月，俞廷辅指出国家选拔人才主要依靠科举，然而近些年所选拔的南方进士大多是靠记诵文辞获得头衔，其中有真才实学者较少。像一些年纪轻轻才二十岁的，虽然聪明俊慧，然而没有深谙世道，一旦侥幸考中进士，使其实际参与政事时，往往束手无策，导致"职事废隳，民受其弊"。关于这个问题，大学士江西人杨士奇与明仁宗有一段精彩的对白。杨士奇言"科举选拔

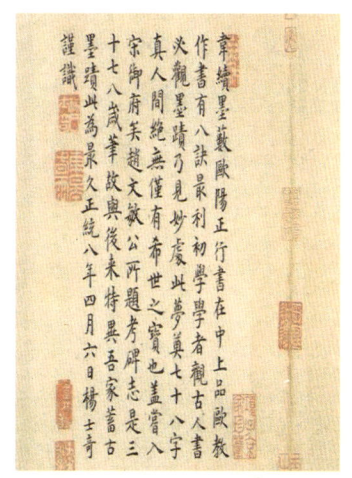

「杨士奇墨迹」

士人应该南北兼顾,不能仅录取南方人"。明仁宗说"北方人的学问不行,与南方人的差距太大"。杨士奇对曰:"比较踏实肯干的多是北方人,南方人虽有才华,文采飞扬,但较多为浮夸之人"。面对杨士奇的回答,明仁宗感到很疑惑,不知道该如何解决这个问题。问道:"杨爱卿,那该怎么办呀?"杨士奇答曰:"这很好办,先把南北方的试卷分开,把考生的名字糊上,南方的考生就在外面写上'南'字,北方的考生则写'北'字。如果取一百个进士的话,南方取六十,北方取四十。这样就能保证南北方的人才都可以为朝廷所用。"明仁宗一听,笑道:"还是老爱卿有办法。以前北方每次科考,就很少有考中的,所以时间久了,北方人觉得科考无望,就不思进取了。按你的说法,北方学者肯定会很兴奋。"

于是,明仁宗很愉快地接受了杨士奇的建议,并且下诏谕,"科举之士须南北兼取,南人虽善文词,而北人厚重。比累科所选,北人仅得什一,非公天下之道。自今科场取士以十分论,南士取六分,北士四分。"但这个政策还没有真正执行,明仁宗就驾崩了。

杨士奇的这种美好设想,一直到宣德年间才得以实施。宣德二年(公元1427年),明宣宗下诏谕,"嗣统之初,诏礼部科举岁取百人,南士六十,北四十,着为令。"对于南北分卷录取,其效果是比较明显。杨士奇曾言"盖简用人材,南北并进,公天下之道也。至是合前科未廷试者一人,而其第一人出山东,前此南北士合试,未有北士占首选者,有之实自今始"。即分卷考试一定程度上保证了选拔士人的公平性,通过分卷北方也能弄中首魁的。

不仅仅是南北分卷,而且在录取名额上也是有明确规定的。查继佐《罪惟录》载洪熙元年(公元1425年)七月,把会试分为南、北、中三卷,南占百分之五十五,北占百分之三十五,中占百分之十。北卷包括北直隶、山东、河南、山西、陕西;中卷则是四川、广西、云南、贵州及庐、凤二府,徐、淞、和三州;余皆属

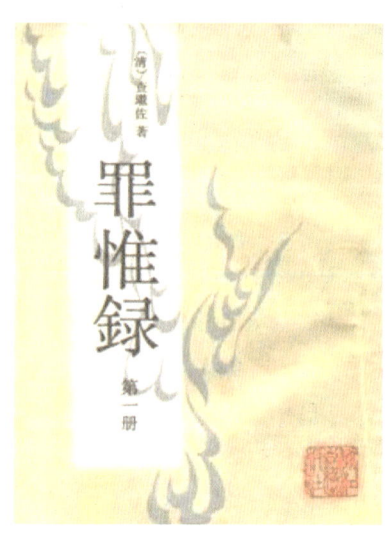

「《性理大全》」

云蒸霞蔚：科举之鼎盛

南卷。从分卷的情况看，长江流域的省份都属于中卷或南卷。这种南北分卷及定额的选拔方式，从宣德二年（公元1427年）开始真正执行，一直持续了整个明代。从明太祖的"南北榜"，到明仁宗、明宣宗的南北卷，由皇帝亲自参与制定考试方案，拟定录取名额，其原因就在于南方的文化氛围要比北方浓厚，读书应考意识及应考能力要比北方强。朝廷的干预，无非是为了缓和南北之间的矛盾，保持全国士人竞争的和谐性。

> 明代只要通过会试，即为考中进士，已是天子门生。但还要经过殿试，对于考中的进士，殿试是不会被刷掉的。殿试是要对所中进士分为三等，即一甲三名，状元、榜眼、探花，二甲若干名和三甲若干名。

状元，乃是精英中之精英，国家之栋梁，皇帝是非常关注的，需要皇帝亲自钦点。但是，很多情况下，状元的产生也是比较偶然的，以长江流域所中的三鼎甲而言，就有类似的情况。王艮是乡试第一，会试时对策最优，因其貌不扬，由江西胡广取代之，王艮只好屈居第二。永乐二年，江西吉水周孟简与弟述同科，廷试周述的名次排在孟简之前，明成祖认为弟弟不能排在兄长前，于是纳周孟简为探花。并亲自御批其试卷，曰："辞足以达意，学足以明理，兄弟齐名，古今罕比，擢尔第三，勉其未至。罔俾二苏，专美于世，钦哉。"永乐二十二年（公元1424年），廷对时孙曰恭为第一，邢宽为第二。但明成祖认为"曰""恭"连在一起就是"暴"不太吉利，就选江西人邢宽为状元。崇祯元年（公元1628年），崇祯帝刚即位，想有所作为，恰逢科举考试，想把真正有水平的纳为状元，但是面对递上的三十多份试卷不知道该选哪位是好。于是，异想天开的崇祯帝希望借助于上天的安排，把所有试卷放在金盆里，然后拿着金箸随便在里面选择，最后夹出来的是刘若宰的试卷，于是乎，刘若宰便成了该榜状元。

「明成祖」

才华横溢的状元

> 状元在明代基本是一种身份的象征。明代有"非进士不入翰林,非翰林不入内阁"之说,状元作为进士群体中的佼佼者,朝廷对其的重视程度,以及其升迁的机会肯定与众不同。

明人陆楫曾言"自隋设进士科,至宋则定甲第,其第一甲赐进士及第,或 20 余人。及国朝我太祖高皇帝定制,进士第一甲例取三名,释褐日即授翰林修撰、编修等官,储之馆阁,以备台辅,其重无以加矣"。在明代,只要是状元出身,在一定程度上就成为国家要员的后备人选。像襄阳的任亨泰考中状元后,因其出身国子监,朱元璋非常高兴,让其家乡专门建状元坊以示褒扬。200 多年间,明代共有 89 名状元,长江流域的各省份占 66 名。宋代长江流域的考中状元的人数不及总数的四分之一,而明代长江流域考中状元的人数接近四分之三。其中江西 18 名,浙江 19 名,其余则源自江苏、安徽、湖北、四川等地。状元们有的以道德著称,有的以文章见长,有的以学问显世,有的以气节立名,有的以宦绩称道,各显其能,各尽其才。兹以四川杨慎、江西罗洪先、江苏焦竑为例,简述状元们的曲折人生。

卓世之才——杨慎

滚滚长江东逝水,浪花淘尽英雄。
是非成败转头空,青山依旧在,几度夕阳红。
白发渔樵江渚上,惯看秋月春风。
一壶浊酒喜相逢,古今多少事,都付笑谈中。

——杨慎《临江仙》

杨慎(公元 1488—1559 年),字用修,号升庵,四川新都人(今成都新都区),系宰相杨廷和之子,正德六年状元,曾为翰林院修撰和经筵

云蒸霞蔚：科举之鼎盛

讲官。著述达四百余种，属于名副其实的高产学者。杨慎博学多才，以至于明代异端思想家李贽对其钦佩不已，把他与李白、苏轼相提并论，认为三人"为唐、宋并我朝特出"。《明史·杨慎传》称其"明代记诵之博，著作之富，推慎为第一"。陈寅恪亦称杨慎"才高学博，有明一代，罕有其比"。

「杨慎」

出身名门，独占鳌头

> 在科举考试竞争异常激烈的明代，能从众多举子中杀出重围，拔得头筹，命中状元，可以说是有多种机缘促成。

「《大明会典》」

杨慎家族在当地属于典型科举世家，从其祖父辈开始，多位直系亲属命中举人、进士，有"一门七进士，科第甲全川"之誉，又号称"昭代藏书之家"。祖父杨春曾为提学佥事，擅长治《易》。杨慎的父亲杨廷和曾参与编修《宪宗实录》、《孝宗实录》及《大明会典》，身为内阁首辅，尽管公务繁忙，仍没有忘记对儿辈的教诲。

杨慎在文化氛围极其浓厚的家庭中成长，从小接受良好的教育与文化的熏陶。七岁时，其母黄氏教其识文断句，诵读唐诗，很快能成篇背诵。11岁，作古诗"一盏孤灯照玉堂"，深得其父的赞许。12岁，跟随祖父学《易》经，拟写《古战场文》、《过秦论》，备受祖父夸奖，赞许为"吾家贾谊也"。14岁，作《黄叶诗》，文豪李东阳称之"非寻常子所能，吾小友也"。

《明诗话》载弘治乙丑（公元1505年），河南才俊崔铣参加礼部会试，分科考试中落选。当时主考之一是杨廷和，为让儿子能体验科考的辛苦及领略优秀考生的才华,杨廷和带着十八岁的杨慎去巡视考官们的判卷情况。在一个考官房间,桌子上散落着很多落选举人的考卷。出于好奇,杨慎拣起一份试卷进行阅读,立刻被其文采所吸引,觉得这是位富有学识之人,落选很可惜。赶紧把卷子递给父亲杨廷和审阅,杨廷和一看果然是位才子之文。于是,又让另一位主考官张元贞审读,同样认为崔铣是位难得之才。于是乎,经过众考官的一致评阅,本已落第的崔铣被擢之《经》魁。崔铣后来任翰林院编修,参修《孝宗实录》,著有《洹词》一书。杨慎自己虽然还未参加科考,但其犀利的学术眼光识崔铣于未中之时。崔铣知道此事后非常感激杨慎,私下以"小座主"称之,成为科举史上一段佳话。

「王鏊」

20岁时,杨慎在其祖父的熏陶下,以《易》经中魁乡试。21岁,参加会试,主考官是科场高手的大学者王鏊。王鏊乡试、会试都是第一名,殿试第三名。王鏊审阅到杨慎的试卷,见其文采飞扬,气势磅礴,顿觉眼前一亮,拟定为首选。兴奋之余,一不小心,烛火把杨慎的卷子烧掉一部分,成为残卷,杨慎由此落第。

好事多磨,是金子总有发光之时。正德六年(公元1511年),杨慎获得殿试机会,策论以《创业以武,守成以文》为题,纵论古今,广征博引,辨析入微,深得正德皇帝的好评,拔为头筹,年仅24岁便成为状元郎。

杨慎少年高第,成为状元,许多考生不服气。尤其是杨廷和的反对者,认为杨慎考中状元,肯定是宰相杨廷和从中动了手脚,有作弊嫌疑,称之为"关节状元"。有的人认为是李东阳泄露了策题,加之杨廷和没有回避,称杨慎为"面皮状元"。《杨升庵的传说》中载有个名张璁的举人,七次参加会试都没考中进士,非常怨恨杨廷和,嫉妒杨慎,联合几个落第的举子,联名控告杨慎没有真才实学,有作弊之嫌。杨慎知晓后,少年气盛,愿意当众面试。正德皇帝也想再看看杨慎的能耐有多大,于是,让杨慎立于午朝门外石刻的鳌鱼头上,回答天下人的问题。试想要是没有渊博知识,谁敢这样直面天下的质问。但是,杨慎胸有成竹地站在鳌鱼头上,任凭如

云蒸霞蔚：科举之鼎盛

何发问，总能对答如流。张璁、江彬等对杨慎实在没有办法，命手下提一有盖竹篮，问其装有何物？杨慎答曰："东西"。提篮人见杨慎上当了，狂笑道："东为大海，西是高山，试问小小竹篮如何装下"。杨慎答道："东方甲乙木，西方庚辛金，木与金均为实体，因而能盛于篮中。南方丙丁火，竹篮遇火，将化为灰烬。北方壬癸水，这水怎能装入竹篮。"提问者见难不倒杨慎，只好灰溜溜离开，真是竹篮打水一场空。江彬等人仍不甘心，搬来了博学的少师杨一清，杨一清用自己平生未解之事询问杨慎，杨慎从容答对，本末融贯，少师叹曰，"此真才子"。杨慎以自己的非凡学识独占鳌头，嘉誉史林。

仗节死义，命运多舛

人的命运一刹那间可能会发生很大的改变，汉代邓通因汉文帝奇怪一梦，使其由黄头郎变为"邓半两钱"的创始人。出身名门，少年得志的杨慎，晚年《自赞》言"临利不敢先入，见义不敢后身，谅无补于事业，要不负乎君亲。"正是其秉着"见利不敢先入"和"见义不敢后身"的做事原则，倡导儒家之"义"、"利"观。

> 明代中后期，朝廷荒诞，百官敷衍，风气日下的时代，杨慎倔强的性格，预示着他将要经历一个荡气回肠的人生。

杨慎作为一名年轻登第的新科状元，不愿埋没于文章末技之中，希望能够为朝廷施展自己的才华。但执政者明武宗却是一位荒诞不经、玩性十足的帝王，在宫内建豹房，由太监陪侍游猎。甚至嫌宫中地方太小，玩得不尽兴、不刺激，于是乎身着便装偷偷溜到宫外，骑马跑到居庸关，在御史的强烈要求下才回到宫中。面对帝王的荒唐举动，杨慎写下著名的《丁丑封事》，指出作为皇帝责任重大，应"无轻举，

「明武宗」

无妄动,非无事之游","若轻举妄动,非事而游,则必有意外之悔","偏听生奸,独任成乱",希望武宗"俯从舆情,早还宫阙"。对于杨慎之苦谏,贪玩的武宗置若罔闻,为便于出游,让太监守关,把边陲宣府当作游玩的行宫。杨慎数谏无果,只好称病告假回乡。

随着武宗的暴毙,迎来了新的帝王,给素有经世之志的杨慎带来了希冀。明世宗即位后,博学多识的杨慎任经筵讲官,即给世宗上课,成为皇帝的老师。杨慎非常兴奋,在《八月二日经筵纪事》言"宠高梁授简,恩迈汉临雍。奎聚占乾象,研书识帝鸿","卷帙叨从事,簪裾俨在躬。涓尘何补助,海岳自深崇。敢诧桓荣力,还歌吉甫风。"杨慎认为自己可以大展宏图,实现自己的远大抱负,像周宣王的大臣尹吉甫一样来辅佐明世宗。

正当杨慎踌躇满志时,命运似乎又给他开了个大玩笑,一场由世宗引起的"大礼议"之争,完全改变了杨慎的命运。

「明世宗」

因武宗突然驾崩,又无子嗣,最后只好由其堂弟朱厚熜,即后来的世宗入继大统。世宗即位后,就让大臣们讨论其父亲兴献王的封号及祭祀典礼。包括杨廷和在内的大臣依据旧例,让世宗称其父亲为皇叔,自称侄皇帝。世宗听到这样的结果,勃然大怒,坚决不从,令大臣们找出合适的方案。恰在此时,与杨廷和等人有矛盾的投机者张璁看出端倪,他认为古例不足训,君王治国以孝为先,世宗可以称自己的父亲为皇帝。于是乎,一批明晓世宗心理的投机者开始和张璁一起形成一股力量。当然以杨廷和等为首的呼声比较大,坚持以古例为准,批驳张璁等人的说法。这样,整个朝廷形成两种不同的势力,但秉性执拗的世宗仍坚持称自己的父亲为皇考。杨廷和见回天无力,只好致仕还乡。

云蒸霞蔚：科举之鼎盛

"大礼仪"之争，没有随着杨廷和的致仕而结束，相反争斗更外激烈。缺乏政治斗争经验的杨慎甚至联合舒芬、毛玉等30多人联名上疏，称与桂萼等"君子小人不并立，正论邪说不并行……学术不同，议论亦异"，不愿与其同列。世宗对杨慎等人予以痛斥。嘉靖三年（公元1524年），七月，世宗下诏称自己的父亲为"恭穆皇帝"。何孟春等人认为世宗完全不遵守先例，要找世宗抗争。世宗觉得这帮大臣不识趣，以罢朝静养为由不愿见他们。杨慎此时再也按捺不住，疾呼"国家养士百五十年，仗节死义，正在今日"，率领200多人长跪左顺门，捶门痛哭。世宗大怒，命锦衣卫将所有苦谏的人登记入册，把带头的杨慎等廷杖下狱，仍不解气，最后将杨慎永远充军烟瘴之地。这样，杨慎由赫赫有名的状元郎变成了戍卒。

> 37岁正值人生的辉煌时期，杨慎却从政治天堂步入流放地狱。

其《渔家傲》言"千里有家未归得，可怜长作滇南客"，《宿金沙江》"江声月色那堪说，肠断金沙万里楼"，《军次书感》更言"凭高一望倍凄然，日暮鸟啼生野烟。天地侧身孤旅外，江湖短发乱兵前。屈平憔悴渔翁问，韩信栖迟漂母怜。何事穷愁无伴侣，东风独坐感流年。"就这样，一代英才状元的余生，在漂泊、流落中度过。

学通天人，才雄艺苑

杨慎年少登第状元，中年流放滇南，离开喧嚣的朝廷，得以宁静的治学，政治场上的失意造就学问场上的辉煌。杨慎未能如其父亲一样位居首辅，但在学问上堪称一流，不少古代名家对其赞叹不已。顾起元言"国初迄于嘉、隆，文人学士著述之富，毋逾升庵先生者；至其奇丽奥雅，游弋四部七略之间，事撮其要，言纂其玄，自唐宋以来，吾见亦罕矣。"李贽《续藏书·杨慎传》中指出杨慎"凡宇宙名物，

「《续藏书》」

经史百家,下至稗官小说、医卜技能、草木虫鱼,靡不究心多识,阐其理,博其趣,而订其讹谬。"杨慎的学问才艺,在博、通、精方面,的确罕有人匹。

杨慎流放云南,在读书问道方面没有京城那么方便;远离家乡,自然增添无尽的乡愁。杨慎《戍滇纪行》"原由吊屈子,长流悲谪仙。我行更迢递,千载同潸然"。尽显其对流放的惆怅,但他并未因此而堕落。在滇南结交了一批志趣相同的文人,如张含、王廷表、李元阳、唐锜、杨士云、吴懋、胡廷禄,相互间进行谈诗论道,学问交流,可谓"七子文藻,皆在滇云,一时盛事"。李贽《续藏书·杨慎传》载重庆太守给杨慎的信,"仆观足下,自蒙难以来,呕心苦志,摹文读经,延搜百氏,穷探古迹,凿石辨剥泐,破家出遗忘,有僻儒苦士,自首蓬藿,日自纂索所不能尽,而谓竭精荡神于逸欲声色者能之乎?"可见杨慎在极其艰苦的情况下仍能孜孜于学问之道,这也造就其高于常人之处。

杨慎博学多艺之事,在其流放地多有传播。《杨升庵在云南的传说》载一位钦差到云南考察,沿途尽情勒索受贿。当地官员宴请钦差大人,邀请杨慎及其朋友王廷表作陪,席间饮酒作诗,以水为偏旁的字为主,去掉水后加另一个字组成一个新字,且以新字为韵。钦差大人官大首当其冲,其不满杨慎等人整日里专拣朝廷毛病,作诗云"有水也是湘,无水也是相。去了湘旁水,加雨便成霜。各人打扫门前雪,休管他人瓦上霜。"王廷表不满钦差仗势欺人,胡作非为,作诗道"有水也是淇,无水也是其。去了淇边水,加欠便成欺。龙游浅水遭虾戏,虎落平阳被犬欺。"杨慎接着吟云"有水也是溪,无水也是奚。去了溪边水,加佳便成鸡。得势猫儿雄似虎,褪毛鸾凤不如鸡。"趾高气昂的钦差大人遭到杨慎及其朋友的奚落,只好灰头土脸地离开了。王世贞《艺苑卮言》亦载杨慎在云南因才艺俱

「《艺苑卮言》」

佳,备受关注,一酋长非常想得到他的书法。但杨慎不愿与当官者为伍,酋长无法得到他的笔墨,只好生下一计,用精好白绫做成衣服,让歌妓穿在身上。在杨慎喝酒兴致很高时为其歌舞助兴,并让他在衣服上涂抹。杨

云蒸霞蔚：科举之鼎盛

慎趁着酒兴果然在歌妓的衣服上挥洒泼墨。酉长事后出高价买回衣服，并予以装潢成卷。

杨慎在学问上的造诣，恰如张燧《千百年眼》卷十二《杨介甫父子相业文章》言"升庵博洽似张茂先，诗文似庐陵、眉山两先生，坎壈过汉之贾长沙，而经术解悟，直越宋之程、朱而上之。"即杨慎的博通似西晋的张华，诗文如宋代的欧阳修、苏轼，人生坎坷超过汉代的贾谊，在经学方面的造诣则超越宋代的二程和朱熹。

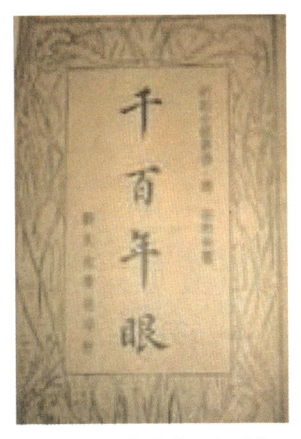

「《千百年眼》」

> 作为年少登第之状元，杨慎经历了人生之辉煌；作为大礼之争之流徒，杨慎品尝了人世之疾苦；作为著述传世之大家，杨慎积淀了学问之大成。亦如杨慎病危时作《病中永决李张唐三公》"魑魅御客八千里，羲皇上人四十年。怨诽不学《离骚》侣，正葩仍为《风》《雅》仙。知我罪我《春秋》笔，今吾故吾《逍遥》篇。中溪半谷池南叟，此意非公谁与传。"

人品高洁——罗洪先

> 罗洪先（公元1504—1564年），字达夫，号念庵，江西吉水人，嘉靖八年（公元1529年）状元，曾为翰林院修撰，著名的思想家和地图学家，与江西大儒罗伦并誉为"江西二罗"。

罗洪先的父亲罗循为进士，曾任江苏镇江、淮安知府，声誉很好，而且罗洪先的祖辈一直为官，典型的官宦世家，在当地也是名门望族。罗洪先从小就受到很好的儒家教育，家教颇严。当他想师从王阳明时，其父认为王阳明的思想属于非正统，拒绝他求学于王阳明，因此没有跟随王阳明受教。但心领神会，在思想上私淑王阳明，甚至有学者认为真正能继承王阳明衣钵的非罗洪先莫属。

「罗洪先」

嘉靖五年（公元1526年），罗洪先乡试中举。嘉靖八年（公元1529年）廷试，大学士杨一清把一甲的试卷让嘉靖皇帝审阅，嘉靖帝一一仔细品题，考量半天，最终在罗洪先的考卷上御批："学正有见，言傥而意必忠"。于是拔罗洪先为状元，是年罗洪先26岁。年轻有为的罗洪先被选入翰林院，没过一年，家中有事，罗洪先便告假回老家，一住就是两年。由于朝廷的不断催促，嘉靖十二年（公元1533年），罗洪先被迫回到朝里，担任经筵讲官，也就是给皇帝、太子等讲课，可谓帝师。这基本属于个闲差，给皇帝、太子讲一讲修身养性及治国的大道理，罗洪先干得津津有味。但嘉靖帝痴迷于炼丹成仙，对于听课完全没兴趣，慢慢地罗洪先也觉得经筵没意思。碰巧罗洪先的父亲病重，他就以此告假回老家，后来父母相继去世，罗洪先要居家守制，一呆就是六年。

嘉靖十八年（公元1539年），罗洪先被任命为左春坊左赞善，从六品的官职，也是一个闲差。无聊之余，就和才子唐顺之、赵时春一起探讨学问，纵论天下事，可谓意气风发。嘉靖皇帝沉湎于道教，经常以生病为由不理朝政。嘉靖十九年（公元1540年），罗洪先等人觉得嘉靖帝完全是怠政，于是三人联名上疏，建议"太子出御文华殿，受群臣朝贺"。这无疑是让老皇帝下台嘛。嘉靖皇帝一看到这样的奏疏，勃然大怒道"是料朕必不起也"。长期生病的嘉靖帝心里本来就犯嘀咕，希望通过炼丹达到长生不老，而罗洪先等的奏疏无疑引起他的猜忌心理，觉得他们在釜底抽薪。于是嘉靖帝亲自拟定诏令上百言，用非常严厉的词句责备他们，还觉得不过瘾，并将他们同时削职为民。其实，嘉靖帝完全是气糊涂了，作为书生，罗洪先、唐顺之、赵时春无非是为国家着想，反而遭受不白之冤。罗洪先因"必忠"而获取状元，又因欲尽忠而遭到罢职，读书人的命运全在帝王的喜怒之间。

失之东隅，收之桑榆。罗洪先触怒龙颜遭到革职，回到家乡后，在石莲洞里潜心学问，著书立说，上自天文、历法、礼乐、典章、赋税，下达阴阳、算数等无所不精。罗洪先具有状元身份，且是以谏言皇帝而被革职，

云蒸霞蔚：科举之鼎盛

所以其做学问之处也备受关注。许多学者慕名而来和他交流学问，石莲洞俨然成为当时一个重要的学术交流基地。罗洪先是江西名副其实的理学泰斗，同时也先对山川地理非常感兴趣，每看到有关地图的杂志，"必考其幽隐"。在石莲洞里，罗洪先根据元代地理学家朱思本的《舆地图》，以计里画方的方法将

「《广舆图》」

其扩充为分省地图册，即《广舆图》。《广舆图》在中国地图史上影响很大，清代著名的地理专著《读史方舆纪要》中的附图就是以《广舆图》为参照而成。

罗洪先在学问上声誉很大，也有状元头衔，却没有官职，这是一个很尴尬的身份。没有官职意味着就没有国家的俸禄，罗洪先被革职后仅靠祖上留下的基业过活，并且把其中大部分财产都让给弟弟了。由于十多年一直在石莲洞专心学问，不事生产，还要招待外来的朋友，慢慢只有靠变卖家产生活。罗洪先的家族由名门望族，也逐渐沦为破败人家，从此一蹶不起，可谓"旧时王谢堂前燕，飞入寻常百姓家"。

其实，革职后的罗洪先有几次机会可以改变命运的。嘉靖三十七年（公元1558年），被革职的唐顺之在严嵩的举荐下，再次出山，为朝廷所用。唐顺之力邀罗洪先一起出来为官，但罗洪先对此表现很冷淡，指出自己将"毕志于林壑之间"，无意仕进。嘉靖四十年（公元1561年），鉴于罗洪先的社会影响，当朝秉政者严嵩以同乡身份准备举荐他。年过半百的罗洪先已经适应山林生活，不愿再参与朝事，力辞不往，给严嵩写信称为官之念，"自断已久"。就这样，罗洪先错过了比较好的出山机会。一般读书人辛苦读书就是为了学而优则仕，弄个官当当，光耀门庭。而罗洪先没有当官的欲望，更不愿意攀龙附凤。四库馆臣称其"人品高洁，严嵩欲荐之而不得，则可谓凤翔千仞者矣"。

罗洪先出身官宦世家，也按平常读书人的模式参与相关科举考试，且为状元郎，应该在官场能混出个模样。但其一生为官的时间很短，绝大部

分时间是在探讨理学，这与罗洪先的精神向往是有关的。少年时，罗洪先非常希望能随王阳明学习，但迫于父亲的意志，专心科举之业。在罗洪先到北京参加会试的过程中，曾师从于理学名士魏校，在与他人的书信中，罗洪先谈到这段经历，"初及第，谒见吴之魏庄渠先生。先生曰：'达夫有志，必不以一第为荣。'默坐终日，绝口不言利达事，私心为之竦然。此生虽未敢汲汲于名位，以负知己，今回视之，此身承当此言，煞不容易。盖不荣进取，即忘名位。忘名位，即忘世界。能忘世界，始是千古真正英雄，始作得千古真正事业。"

罗洪先这段表白说明魏校所言为学不求名利的观念，对他影响很大，只有抛弃名位，才是"千古真正英雄"，才能做出"千古真正事业"。这也就不难理解，当罗洪先高中状元后，其岳父曾直欣喜若狂，夸奖他做了一件荣光耀祖的大事情。而罗洪先的回答则出人意料，"大丈夫能为的事业太多，状元三年就会有一个，不算什么事。"搞得老岳父一头雾水。中状元对罗洪先来说并不值得惊喜、庆贺，因为他心中的"英雄"是忘却名利的。罗洪先回答完岳父的话，还没有来得及和岳父一起吃庆功酒，就拿着米和王阳明的两个高徒何善山、黄洛村到寺庙里去探讨学问了。

北面人宗——焦竑

焦竑（公元1540—1620年），字弱侯，又字从吾，号漪园、澹园，江宁人，万历己丑（公元1589年）进士，状元及第，官翰林修撰，明代著名的理学家。曾著有《澹园集》、《焦氏笔乘》、《玉堂丛语》、《国朝献徵录》、《熙朝名臣实录》、《国史经籍志》等。

焦竑出身于一个军户的家庭，到其父亲焦文杰时，生活已经很拮据，唯有通过读书才能改变这种现状。其兄长焦瑞颇有文才，以教书为生，基本上承担了作为焦竑老师的身份。焦瑞在当地有声望，曾做过短期的广东灵山县县令，为官清廉，不畏权贵，不满当政者的一些做法，辞官归家。焦瑞的为人为学，对焦竑产生很大影响。焦竑一边跟着哥哥学习应举的相关课程，一边按自己的兴趣阅读古注疏，广泛涉猎相关一些古籍。

云蒸霞蔚：科举之鼎盛

「焦竑」

焦竑的学习动机，有光耀门庭，满足平生愿望的被动因素。同时，在内心里他还是希望摆脱八股文、死读书的现状，渴望能安心读点自己喜欢的书籍。估计这不仅仅是焦竑一个人的苦恼，这也是那个时代许多人共同的苦恼。

焦竑自由聪颖，喜欢读书，其父称之为难得的读书种子，事实也是如此。焦竑十六岁参加家乡的童生考试，即轻松获得第一，深受当时主考官的赏识，被选入当时最好的学校应天府学进行深造。在应天府学，焦竑结识了一批青年才俊，经常在一起交流读书体会，学问水平增长很快。公元1564年，25岁的焦竑顺利通过了乡试，成为举人。公元1565年，焦竑满怀希冀地去都城北京参加会试，结果是落第而归。从此，焦竑便踏上了漫漫的科举之路，每隔三年，如期到北京应考，总是乘兴而去，败兴而归。就这样持续了20多年，虽然焦竑的学术水平在当时已小有名气，但进士之门还是未有对他敞开。焦竑一直想通过应举来抬高家族的声誉，为父兄争光，怎奈命运坎坷。以至于焦竑从北京落第南归，经过河北白沟河，那是他四世祖以军功扬名，甚至还得到朱元璋赐名荣耀的地方。焦竑见景生情，悲感交集，写下诗篇《白沟河》"风烟莽莽白沟河，欲问奇功迹已磨。芦荻几家今若此，貔貅万灶凤曾过。承家我愧垣荣祖，破虏谁还马伏波。钟鼎空存人自远，耳孙无那泪滂沱。" 1589年，已经知天命的焦竑第七次到京城参加会试，终于一鸣惊人，获得一甲第七名，并在殿试中被钦点为状元。焦竑能考中状元自然是一件令人兴奋的事情，其祖籍山东日照和居住地江宁争着为其建状元楼，恰逢当时遭遇灾荒，焦竑拒绝家乡为其建状元楼，而是把钱用来赈灾。后来，南京的焦状元巷便是由焦竑中状元所得名。

焦竑经过25年，七次应举才考中状元，这种曲折坎坷的应举历程，对其而言是一种精神折磨和历练。焦竑知天命之年能够成一位名副其实的状元，而且在道德学问方面均可为海内表率，如其弟子徐光启所言"吾师

「徐光启」

澹园先生,粤自早岁,则以道德经术标表海内,巨儒宿学,北面人宗,余言绪论,流传人间,无不视为冠冕舟航矣。"焦竑能取得这么辉煌的成就,得益于父兄对其要求甚严,自己不忍怠弃,善解人意的妻子,使他能在"家境萧条如洗,全不挂意,只知读书耳",被李贽称为"自是天上人"。另外,焦竑在求学的道路上,机遇很好,遇到了类似耿定向、王襞、罗汝芳等名师,还能与李贽、陈第等名士相交流,从而走上自己所钟情的博通治学之路,这些因素对其成为状元,能够"北面人师",是有密切关系的。

师从名师

焦竑在少年时期跟随兄长焦瑞学习,考中秀才之后,进入应天府学,逐渐接触到一些学界大佬,使焦竑的思想发生了很大变化。焦竑先后曾师从于耿定向、史惺堂、王襞及罗汝芳等人,始终神往的于杨慎之学问,对他的思考转变有很大关系。

耿定向(公元1524—1596年),字在伦,号天台,又号楚侗,湖北黄安人,泰州学派的主要代表人物。嘉靖四十一年(公元1562年)冬,耿定向到南京督导学政,发现应天学府的焦竑比较有才气,很喜欢这位年轻人。焦竑听了耿定向的讲座很受启发,成为耿门弟子。当耿定向离开南京时,又把焦竑托付给理学大师陈献章的传人史惺堂。嘉靖四十三年(公元1564年)冬,耿定向邀请罗汝芳到南京明道书院讲学,焦竑参与聆听。嘉靖四十五年(公元1566年),耿定向在南京建立崇正书院,选拔江南十四郡的优秀的读书人作为书院的得意弟子,由焦竑任主教。焦竑由此名声鹊起,连在京城的李贽也知道焦竑的名气。隆庆三年(公元1569年),当耿定向弃官回到黄安时,焦竑率领门人二十余人到黄安安慰老师,在天台山向耿定向请益学问,耿定向称之为"天台别定"。万历十七年(公元1589年),焦竑中状元的喜讯传到黄安时,病中的耿定向为自己的优秀弟子感到高兴,激动得睡不着觉。万历二十四年(公元1596年),耿定向因病去世,焦竑悲痛万分,写有《祭耿天台师》、《祭少司马耿公文》、

云蒸霞蔚：科举之鼎盛

《耿天台行状》等文，以及耿定向的祠堂建立后，专门写有《先师天台耿先生祠堂记》。在耿定向的影响下，焦竑逐渐明白了治学路径，终生对耿氏执弟子礼。焦竑《尊师天台先生六十序》言"圣人之家法郁而不彰者且千余载，非我师天台先生畴能明之。"

王襞（公元1511—1587年），字宗顺，号东崖，系泰州学派创始人王艮之子。嘉靖四十四年（公元1565年），王襞来南京讲学，耿定向任督学，便介绍得意弟子焦竑去听讲学。万历二年（公元1574年），王襞再次来南京讲学，焦竑被其博大的学问所震撼，受益很大，遂拜其为师。焦竑对王襞很崇拜，《赠王东崖先生》中言"君屈（崛）其东海，高论戛琳球。陈义狎六籍，浩然吞九牛。片言一指顾，四座皆回头。"焦竑称王襞博通经典，只言片语就能惊动四座，生动形象地展现王襞的学识。王襞去世后，焦竑为之作《王东崖先生墓志铭》。

罗汝芳（公元1515—1588年），字惟德，号近溪，江西南城人，泰州学派的主要代表人物。万历十四年（公元1586年）夏天，47岁的焦竑这时在学界也颇有名气。但是，一听罗汝芳的讲座，顿时钦佩不已，立即拜在罗氏门下。

「《罗汝芳集》」

罗汝芳对这位老学生评价其高，认为焦竑"具大力，异日必弘斯道也"。焦竑在《罗杨二先生祠堂记》中更是指出罗汝芳对自己学问的点拨，可谓醍醐灌顶，如焦竑所言"当支离困敝之余，（罗）直指本心以示之。学者霍然如桎得脱，客得归，始信圣人之必可为，而阳明非欺我也。"

> 正是耿定向、王襞、罗汝芳等理学大师的影响，使焦竑在思想上属于泰州学派的体系，黄宗羲《明儒学案》中对焦竑的定位基本就是按这个理路。

另外，焦竑在学问上走博通之路，应该和未谋面的老师杨慎是分不开的，虽然焦竑从未拜在杨慎门下，也没有见过杨慎。但焦竑很崇拜杨慎学识之渊博,终身搜集杨慎的诗文,辨别是否属于杨慎之文,重复内容予以删减,有错误的进行更正,"一部之中,别之以类,就一类之内,辩之以目。巨细毕收,纲维不紊"。经过数十年的努力,汇订为《升庵外集》100卷。焦竑的弟子顾起元称"有澹园先生而升庵先生名愈彰"。即经过焦竑对杨慎文章的系统整理,有利于杨慎学问的传播。焦竑在认真规范整理杨慎成果的同时,也是其学习杨慎如何治学的过程。焦竑学问上的博洽一定程度上与杨慎的影响是分不开的。

广交名士

> 独学而无友,没有朋友的交流,学问自然比较狭隘。焦竑在科举的道路上虽然坎坷,知天命才中第,但不影响其交友。

因为在中第前,焦竑在学术圈子已经崭露头角,且有一定的声誉。另外,焦竑生性喜欢交朋友,尤其爱交有思想、有个性的朋友。与其交往的人,可谓是多方面的,有正统的,有异端的,有相见恨晚的,有一见如故的,比较著名的有李贽、陈第、公安三袁、徐光启等。

隆庆四年(公元1570年),李贽到南京为官,焦竑和李贽往来颇多,朝夕相处,问学论道,相互影响,遂成莫逆之交。李贽称自己的学问,"虽无所授,其得之弱侯者,亦甚有力"。即其学问得益于焦竑较多。而焦竑则受李贽的影响更大,称李贽"可坐圣门第二席",以至于老师耿定向专门写信告诫他莫沉溺于"异学",四库馆臣也认为焦竑"生平喜与李贽游,故耳濡目染,流弊至于如此"。万历五年(公元1577年),李贽要远赴云南姚安任知府,焦竑和李贽依依惜别,焦竑作《送李比部》"相知今古难,千秋一嘉遇。而我狂简姿,

「李贽」

得蒙英达顾"。万历九年(公元1581年),李贽辞掉知府暂定居黄安耿定理处,焦竑知道这个消息后,非常高兴,但有其他原因未能及时与李贽

会面，作《李宏甫解官卜筑黄州寄赠》"苦欲移家难相送，何时同作灌园人"，以示自己的郁闷心情。李贽收到焦竑的书信，则回应道"何时策杖履，共醉秣陵春"。焦竑与李贽的交往，可以说突破了很多世俗的偏见，诸如其老师耿定向就不愿意自己的爱徒深受异端影响。作为有个性、有思想的学人，焦竑认为李贽的思想很有见地，敢于言人所不敢言，可以说是李贽的忠实粉丝。李贽因当局迫害，被迫自杀殉道，焦竑专门写信抗议。当政府禁止李贽的著述出版发行时，焦竑专门整理李贽的《焚书》《续焚书》《藏书》《续藏书》等予以刊刻。

焦竑与音韵学家陈第的交往更是充满神奇。万历甲辰（公元1604年）春天，六十四岁的陈第听闻焦竑在音韵学方面有一定造诣，就来焦府拜访。一见面，陈第也不作自我介绍，就开始和焦竑谈起学问。从白昼谈到黑夜，滔滔不绝，兴趣盎然，晚上就睡在焦竑的书楼里，点着蜡烛阅读焦竑的藏书，顺便指出其中的错谬之处。第二天，焦竑见到陈第，笑着说"你就是来自福建的陈季立（陈第）吧"。从此，两位60多岁的先生相得甚欢，陈第根据焦竑的研究成果，把自己的《毛诗古音考》又重新加以修订。焦竑从陈第那里也学习到更多音韵学方面的知识。万历戊申（公元1608年）冬天，陈第再次来到焦竑家，是年焦竑和陈第已经快70岁，两者一起谈论《周易》，辩驳理义象数等，相互辩诘中，两人对相关问题都有一个深入的认识。

「陈第《屈宋古音义》」

焦竑不仅广交学界名流，且善于识才。著名的科学家、思想家徐光启于万历九年（公元1581年）考中秀才，之后10余年屡次参加乡试均未中举。万历二十五年（公元1597年），徐光启又一次参加乡试，判卷子时，徐光启的卷子被阅卷管丢在一边，预示着又要落选。恰好此科的主考官是焦竑，焦竑同样是经过20多年才考中进士，能切身体会考生之不易，以及考官对考生命运之重要。考官判卷的喜怒，将决定一个考生的命运。焦竑就非常关注被考官刷下来的试卷，翻阅到徐光启的试卷时，突然觉得眼前一亮，惊叹道："此名世大儒无疑也"。于是把徐光启由将要落第被置为第一，命运一下就发生了巨大改观。倘若不是焦竑的慧眼识珠，这位未来的科学家、内阁次辅还不知道要在科场蹉跎多少年。

学贵广博

> 焦竑能考中状元，成为一名影响学界的大佬级别人物，与其博学多才有一定的关系。焦竑的治学基本上和杨慎的路径差不多，崇尚广博。

《明史》中称"（焦）竑博极群书，自经史至稗官、杂说，无不淹贯。善为古文，典正驯雅，卓然名家。"焦竑在音韵学、目录学、史学、经学等方面均有不凡造诣。这一切，不仅仅是因为焦竑有名师指点迷津，有好友相互切磋。同时，与焦竑的个性及其努力程度有很大关联。

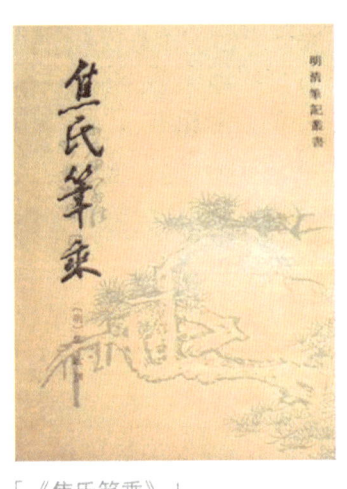

「《焦氏笔乘》」

首先，焦竑嗜好读书，且家中藏书非常丰富，"藏书两楼，五楹俱满"。清人黄虞稷曾言"明代藏书之富，南中以焦氏为第一"。黄宗羲称焦竑"积书数万卷，览之略遍"。焦竑藏书丰富，并不是为了收藏而储备，而是绝大部分藏书都经过他的批阅。对于自己感兴趣之处，焦竑都进行认真摘录，分类储之，诸如《焦氏笔乘》就是在这种情况下撰成的。

其次，焦竑对于学术怀着一颗敬畏的心理。焦竑师从耿定向、王襞、罗汝芳等泰州学派大师，但在学问的考究上，焦竑始终保持着吾爱吾师，吾更爱真理的理想追求。焦竑尊敬耿定向，但也和耿定向的学术对头李贽关系很好。焦竑从废置的试卷中拔徐光启为第一，但在对西学的问题上，并不认为徐光启的见解都是正确的，仍是保持自己观点。如其所言"学道者，当尽扫古人之刍狗，从自己胸中辟取一片乾坤，方成真受用，何至甘心死人脚下？"

云蒸霞蔚：科举之鼎盛

再者，焦竑能潜心治学，淡化功名。焦竑曾7次奔赴考场，耗时20余年，才考中进士。是不是焦竑真的对功名很看重，其实不然。焦竑孜孜于应举，无非是为了满足父兄的渴求，通过考试，改变家族的地位。焦竑为应举花费20多年的时间，贵为状元，在官场也仅混迹十年，且绝大部分时间是致力于著述与讲学。当其辞别官场时，曾言"人生无百岁，况乃多忧煎"，"抱瓮差自适，摊书聊息肩。矫矫巢居子，千古称高贤"。甚者，自我解嘲，"万事成一笑，不用苦思量"。

> 焦竑秉持追求学问至上的心态，演绎着一个状元的传奇人生。如其《题梅花坞老圃壁上》所言"壮岁飞蓬过，浮名春梦空。惟余看花兴，还与少年同"。

其实，明代长江流域所中状元六十余位，每个区域因经济、教育等原因所中状元不一。相比而言，江西、浙江所中状元较多，如《吉郡十状元诗》所言"天开文运盛庐陵，累占鳌头已十人。胡广时中兼子棨，彭时刘俨与罗伦。后来彭教同曾彦，前有陈循并鹤龄。何事三元争些子，斯文颐望在明春。"明代中前叶江西一个郡就命中十位状元，可见江西在明代科举史占有重要地位。每位状元的产生，都有不同的际遇。有的是少年才俊，像费宏中状元时才20岁。有的是大器晚成，如焦竑知天命才中魁首。有的是策论高手，像曾棨、罗伦，以精彩的策论中魁。尤其是罗伦，屡试不第，好不容易获得廷试机会，廷试策文一气呵成一万余字，直陈时弊，气势磅礴。由于卷子内容太多，年事已高的大学士李贤在读罗伦策卷时，因跪得太久，竟然站都站不起来。有的则是三元及第，如内阁首辅商辂。有的是运气使然，如江西的状元胡广是因为原拟状元王艮其貌不扬，自己才被临时换将成为状元，并且得到皇帝的赐名"靖"。邢宽是因为名字太吉利而命中，刘若宰则是崇祯帝用金箸从30余份卷中夹出来的。

「费宏」

人文荟萃的江右

明代随着南方经济的发展，社会的稳定，以及书院的增多，长江流域的江西、南直隶（江苏）、安徽、浙江等地，在科举方面远远优于其他地区。

有关这一点，永乐时期江西人杨士奇曾言"四方出仕者之众，莫盛于江西"。景泰时，陈循称"江西及浙江、福建等处，自昔四民之中，其为士者有人，而臣江西颇多"。对于到底是江西出人才多，还是浙江出人才多，这是明代中叶，江西学人与浙江学人争执不已的事情。明人刘仕义《新知录摘抄》言江西在明代盛产进士，仅吉安府洪武、嘉靖年间，就命中进士788人，状元11人，榜眼11人，探花10人，会员8人，解元39人，内阁成员9人，一品大员6人，尚书22人。明末太和人郭子章在《吉安贡举考序》中称吉安府从洪武开科到万历间，中一甲者33人，同朝为相者3人，有"一姓三元者，有一姓而十八进士者"，有"一科而登进士至三十七人者"，有"一科而入翰林庶吉士至十四人者"。可见，江西科举之盛。其实，在明代中叶以后，浙江永嘉地区也是一个科举兴盛之地。为更好了解长江流域的科举之盛况，兹以江右为个案，选择吉水解缙、弋阳汪俊、太和罗钦顺及吉水刘应秋家族为例予以探析。

一榜三进士——解缙家族

解缙（公元1369—1415年），字大绅，又字缙绅，号春雨，江西吉水人，洪武二十一年（公元1388年）进士，曾为文渊阁大学士，《永乐大典》的总纂官，著有《解学士集》、《天潢玉牒》等，与杨慎、徐渭并誉为明代三大才子。

解缙出生于一个科举文化世家，他在修家谱的《序》中自豪地讲"其

云蒸霞蔚:科举之鼎盛

自唐至今,每举必父子兄弟联芳,袭武而起,以为常。其讳元者,累功封太原王,讳诚者,连三世国公,亦可谓盛矣"。解元是解缙的祖父,元至正五年(公元1345年)进士,曾为太史院校书郎。其两位叔祖父亦是进士,且颇有学问。解缙的父亲解开,学问广博,精于经学,曾任广东、江西、湖广乡试主考官,重建鉴湖书院,担任主讲。解缙从小就是在父亲的教育下,学习《尚书》。其外祖父高若凤,人称灞雪先生,元至治元年(公元1321年)进士,曾讲学白鹿洞书院。在外祖父的影响下,解缙的母亲整日以读书为务,有多种著作传世。解缙自幼时,母亲即教其读《论语》、《孝经》,不让他和其他儿童嬉戏玩耍,可以说从小就受到严格的教育。解缙的哥哥解伦比他大13岁,对其帮助很大,"伯兄于余有父道焉,有师道焉。余兄弟自为知己也。"解伦就像父亲一样关照解缙,兄弟俩经常一起切磋学问。

解缙就在这样一个充满温馨,又富有学问的家庭中成长,从小聪颖绝伦。5岁时,和小朋友们一起玩耍,不小心摔倒了,路边

「解缙」

的行人觉得这个小朋友很可爱,就开他玩笑。解缙随即弄出一首幽默诙谐的诗,"春雨贵如油,下得满街流。滑倒解学士,笑杀一群牛"。解缙之早慧,其文集中也有所记载,言其五六岁就能作诗,但是不会写字,时间一久,一些儿童之作便忘记了。其中有一首6岁时其叔祖公给他的命题之作,在当地传诵很广被保留下来,其文为《小儿何所爱》:

  小儿何所爱,爱者芝兰室。更欲附飞龙,上天看红日。
  人道日在天,我道日在心。不省鸡鸣时,冷然钟磬音。
  圣人有六经,天地有日月。日月万古明,六经终不灭。
  小儿何所梦,夜梦笔生花。花根在何处,丹府是吾家。

五六岁的孩童,当别人还在母亲怀里撒娇时,解缙就能写出这么富有诗意、充满哲理的诗文,以至于解缙随后回忆时也觉得自己儿时太了不起,颇有"聪明不及于前时"的感觉。解缙的少年早慧在当地是很出名的,郡守令到其家,总要把他抱在膝盖上玩耍,解缙随口就能做出诗文,令人惊

叹不已。对于少年解缙的情况，老乡杨士奇在其《墓志铭》称其"自幼颖悟绝人，五岁父教之书，应口成诵。七岁赋诗，有老成语；十岁日诵数千言，终身不忘；十三岁尽读四书诸经，贯穿其义理，老成不能难也"。解缙少年时代即很有名气，被誉为"神童"。

洪武二十年（公元1387年），18岁的解缙要参加江西的举人考试，哥哥解伦本意不愿参加考试，看到解缙年龄小，比较担心，就陪着他一起去参加乡试。没想到兄弟两个同时考中，而且解缙还是乡试第一名，即解元，好比我们现在的省状元。洪武二十一年（公元1388年），解缙和哥哥解伦及妹夫黄金华一起去参加礼部的会试，同时登第，一门三进士，在当时产生很大的轰动。解缙当时会试策论笔锋犀利，气势磅礴，主考本欲拟取一甲，但其他考官认为其观点过于尖锐，担心明太祖看后出问题，将其录为二甲。

解缙少年成才，深得明太祖的赏识，日侍其左右。解缙善为诗文，杨士奇曾言解缙之文"雄劲奇古，新意叠出，叙事高处，逼司马子长、韩退之，诗豪宕丰赡似李、杜。"杨士奇认为解缙的诗文水平可以和司马迁、韩愈、李白、杜甫相媲美。但解缙在为官方面却显得不够老练，或者说是恃才放旷，太不拘小节，这样得罪很多人。明太祖为了保护这位读书种子，

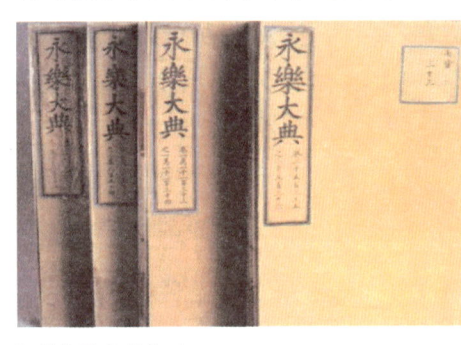

「《永乐大典》」

让其回家多加磨练，便于大器晚成。明成祖也是很重用解缙，让其负责纂修《明太祖实录》、《永乐大典》。永乐二年（公元1404年）会试，成祖任命解缙为主考官。随后又晋升解缙为翰林院学士兼右春坊大学士，实际就是内阁首辅的位置。但为官非解缙所长，官场中的勾心斗角，靠书生意气是办不好的，其最后的结局竟是被陷害致死，埋尸雪中，一代才子就这样消失在历史长河中，成为政治斗争的牺牲品。

解缙家族能历代皆有科名，一门三进士，是有其独特之处。解缙曾回忆其成长及家族事宜，《河州正月十五夜有感》言"我家不与世俗同，弟兄伯叔联簪组。满堂宾客皆雄奇，新吟健笔争蜂舞。我时七岁诗即成，诸

云蒸霞蔚：科举之鼎盛

生学士观如堵。年年岁岁盛繁华，只为江南好风土。那知少壮遇有殊，欢乐相兼又愁苦。"此诗是在解缙被谪于河州，郁闷无聊之中，回想自己家族之事情。如其所言解氏家族颇有与众不同之处，叔伯兄弟都能成为进士，往来其家的都是有才之士。

> 解缙的成才一方面是其天资聪慧，另一方面离不开良好的家庭教育以及优良的家族文化，如其祖父、叔祖父、外祖父均为进士，且有学问。其父亲博学有识，母亲虽为女性亦能为诗文，并且从小对其进行严格的教育。

西江甲族——铅山费氏

铅山费氏以业贾出身，经过几代的努力，成功转型为科第世家，其最著名者是费宏。这个家族从景泰到嘉靖末年，共产生6位进士、11位举人，其中状元1人、探花1人、入翰林者4人，因科第盛名当地，被誉为西江甲族。

> 费宏（公元1468—1535年），字子充，号健斋，晚年自号湖东野老，江西铅山人。费宏自幼有才识，能文章。曾为礼部尚书、户部尚书兼文渊阁大学士及内阁首辅，历仕四朝，三次入阁，著有《费文宪公集》。《明史》称其熟识国家典例，办事稳重识大体，能够提携后进，在朝中人缘比较好。

费宏祖父费应麒曾在福建做生意，和福建才子陈俊熟识，陈俊曾官至吏部尚书。费氏子弟由此拜在陈俊门下。费宏的大伯父费珣景泰四年（公元1453年）年中举人，成为费氏第一个考取功名之人。成化元年（公元1465年），费宏二伯父费瑄考中举人，随后于成化十一年（公元1475年）成为进士，官至贵州布政司右参议。费瑄考中进士，成为这个家族的转折点，从此以后费氏家族科第连连。费瑄觉得费瑞及费宏比较有才气，就把

「《费宏年谱》」

两个人带到京城,亲自督课。成化十九年(公元1483年),16岁的费宏和叔叔费瑞同时考中举人,叔侄同榜成为当时的佳话,且费宏为乡试第一名。成化二十二年(公元1486年),当费宏游学太学时,其伯父专门给其买相关书籍,并告知其读书之法在于广博。成化二十三年(公元1487年),20岁的费宏考中状元,被誉为"少年状元"。

在费宏的影响下,其堂弟费寀于正德六年(公元1511年)考中进士,授职编修。正德八年(公元1513年),其弟费完和侄子费懋中出现叔侄同科中举。正德十六年(公元1521年),费懋中考中探花,任翰林院修撰。嘉靖五年(公元1526年),费宏长子费懋贤考中二甲进士,入选翰林院庶吉士,时值费宏在内阁任职,费寀、费懋中及费懋贤均在京城任官,被誉为"父子兄弟并列禁近"。随后,费氏又产生数位进士、举人。

铅山费氏经过数辈努力,成功由一个商人家庭转变为科举文化世家,其原因是多方面的。曹国庆先生认为主要是因为这个家族有一定的经济实力,可以让年轻人长年累月埋首于读书举业,而不必担心生计问题。还有家族之间的互为师友,相互督促、相互促进。费氏家族非常重视家庭教育,费氏虽然出身商贾,但从费宏的祖父开始,便有意识地向读书应举转变。费宏的父亲费璠为了支持其他兄弟安心读书,放弃举业专门主持家政数十年,这样才为两个兄长及一个弟弟考取功名提供有力支持。费璠对子弟的教育非常严格,专门聘请上饶的名师陈刚来教导费宏,且经常在一旁陪读。每一门经书学完后,费璠一定要费宏能背诵,背诵顺畅的话费璠会面露喜悦之色,倘若背诵不流畅或有错误之处,费璠就会闷闷不乐。正是在这种应举意识下,在家族成员的积极努力下,费氏家族实现了华丽转身。

父子鼎甲——龙洲刘氏

明代吉水是一个盛产一甲及第的地方,曾产生数位状元、榜眼及探花。

云蒸霞蔚：科举之鼎盛

而龙洲刘应秋家族就是一个比较典型的例子。刘应秋是万历十一年（公元1583年）探花，其子刘同升系崇祯十年（公元1637年）状元。

> 刘应秋（公元1547—1600年），字士和，江西吉水人，万历十一年（公元1583年）进士，曾为国子监祭酒，著有《刘大司成文集》。

刘应秋的祖父刘方兴是嘉靖十六年（公元1537年）举人，父亲刘子韶是庠生，以诗文显著乡里。刘应秋自小受家庭的熏陶，喜好诗书，万历十年（公元1582年）乡试夺魁，获得第一名。万历十一年（公元1583年）中探花，被授予翰林院编修。刘应秋素负才气，直陈时政，曾批评内阁首辅申时行"不能抒诚谋国，专事蒙蔽"。正是由于刘应秋的浩然正气，得罪不少当官的，由此遭到打击报复，郁郁不得志，辞职归乡。

> 刘应秋子刘同升（公元1587—1645年），字晋卿，又字孝则，崇祯十年（公元1637年）状元，授翰林院修撰，著有《明名臣传》。

刘同升虽然出身于名宦之家，但父亲在其十四岁时就去世了，没过多久，母亲也去世了。家道中落的刘同升开始品尝生活的艰难，仍不忘刻苦读书，曾师从于理学名士邹元标，天启元年（公元1621年）考中举人。随后，经过漫长煎熬的科举之路。崇祯十年（公元1637年），刘同升在殿试时，引经据典，从明太祖、明成祖讲起，论述屯田之益处及理财之法规，深得皇帝好评，一举夺魁。作为明帝国将要崩溃时的状元，刘同升如其父亲一样敢于同权贵不妥做法相抗争，揭露杨嗣昌的夺情入阁。在北京被占领后，刘同升甚至抱病远赴福建继续拥护南明政权，被称为"忠孝状元"。

「申时行」

刘应秋父子鼎甲，他们基本没有解缙家族的世宦背景，也没有像解缙一样的少年英才。同时，吉水刘氏没有铅山费氏的雄厚积累，也没有费宏一样的少年佳话。但是，刘应秋父子就是凭着自己的勤奋、努力，终于获得举业的成功。这可以说是中国科举史上的奇闻。

明代科举选士方面长江流域的江西、江苏、浙江等地明显要高于其他地区，以至于出现明太祖时期的"南北榜"现象。尤其是明代前叶的江西，不仅考中进士数量多，而且考中一甲的也很多，建文二年庚辰科、永乐二年甲申科中，江西士人连续包揽一甲的前三名。迫使朝廷在科举政策方面进行相关调整，诸如实行南北分卷考试，南卷基本包括长江流域的各个区域及广东和福建，接着又按南、中、北三个区域定额录取进士，其中长江流域所在南部和中部区域占录取总数的百分之六十五。从录取状元的总数而言，长江流域的考生占百分之七十左右，从录取进士的总数来说长江流域所在区域也占绝对优势，尤其是江西的吉安府和浙江的永嘉地区。如明代开科考试89次，加上明太祖的那次夏榜，共90次，录取进士24866人，江西进士2728人，占总数的11%。明代大学士陈循曾言"江西及浙江、福建等处，自昔四民之中，其为士者有人，而臣江西颇多，江西各府而臣吉安又独盛"。仅明一代，江西吉安府产生状元12人、榜眼9名、探花12名，而吉安府的吉水县更是有"一门三进士，五里三状元，一门七尚书，十里九布政"之说。而北方的很多县在整个明朝产生的进士都是个位数。在唐代，长江流域的荆南每年都有四五十人参加科考，都是无一中第，到唐代晚期才出现一位进士，被誉为"破天荒"。到宋代，在全国所录取的118位状元中，长江流域也不到四分之一。到了明代，为何长江流域的读书人在科举中却有如此强大的竞争优势？

首先，长江流域经济的发展，为科举考试提供了雄厚的经济基础。乡试、会试都是三年一考，不少考生要千里迢迢赶赴考场，需要花费很大的开支。还有很多读书人在中第前都已结婚生子，需要养家糊口，而一门心思准备考试，势必会影响家庭收入，如果没有强有力的经济支柱，很难支撑他们旷日持久的备考。但长江流域便利的水运为开展相关贸易提供了便利，诸如"两岸猿声啼不住，轻舟已过万重山"，更是形象地描述了水运的方便。在明代，巴蜀的成都、荆楚的鄂州、江西的景德镇等地，已经成为著名的商贸集镇。例如，明代江右商人影响很大，形成颇具规模的江右商帮，仅次于安徽的徽商，在湖南等地出现"无江西人不成镇"的说法。

云蒸霞蔚:科举之鼎盛

这样,相对雄厚的经济实力,提高了南方考生屡败屡战的心理底气。

其次,长江流域书院教育的发达,为读书人提供了有力的智力支持。明代在科举考试内容上有一定的要求,即划定了考试范围,规范的书院教育在一定程度上为读书人的应考提供了各种准备。南方的书院发展迅速,名师荟萃,讲学活动频繁,这都为读书人的应考提供很大帮助。例如,明代江西的书院总数位居全国榜首,著名的理学大师罗伦、罗洪先、吴与弼、章潢等皆出自江西,很多学者慕名到江西进行讲学,对于江西文化水平的提高的很有帮助,江西考中进士的总数位居全国前列就是其很好的证明。还有,当时南北方教育差距是很明显的,顾炎武曾言"今南人教小学,先令属对,犹是唐、宋以来相传旧法。北人全不为此,故求其比偶、调平仄者,千室之邑几无一二人。而八股之外,一无所通者比比也。愚幼时,《四书》本经俱读全注。后见庸师窳生,欲速其成,多为删抹,而北方则有全不读者。"因此,导致北方的"人荒",即缺少人才。

「吴与弼」

再者,长江流域的官员在朝中为显宦者居多,有助于本地区读书人应试。明代考试虽然继承宋代实行糊名、誊录,以及执行南北分卷及区域定额等,但朝中有人好做官,往往主考官、阅卷官等参与考试选拔的官员更喜欢本区域读书人的应考文章。如建文二年庚辰科、永乐二年甲申科中,江西士人连续囊括了状元、榜眼和探花。而江西人位居内阁首辅的人次较多,如解缙、胡广、杨士奇、陈循、夏言、费宏、严嵩等都先后任职内阁首辅,像胡广任职十年、杨士奇一干就是二十年,这样老乡的相互提携,势必会形成一个更庞大的地域官员群体,以至于出现"翰林多吉水,朝士半江西"的现象。

「严嵩」

而明代官员选拔注重进士、翰林出身，这样区域利益群体相应会关照本区域的考生。例如，永乐二年（公元1404年）会试，一甲前三名、二甲前七名都是江西人，当时的五位主考官解缙、胡广、杨士奇、胡俨、金幼孜均是江西人。因此，考试成绩公布后，很多人提出异议，认为主考官解缙"廷试读卷不公"，最后虽然查无实据，但在一定程度上说明在世人心理中，主考官对自己家乡的考生还是有帮助的。

科第日盛的吴越

吴越之地主要泛指现在的江苏南部、浙江、上海及安徽南部，即明代江南府及安徽南部部分区域。这些地方因经济、教育及文化水平较高，在科举考试日益成熟的时代，区域内的考生非常具有竞争力。范金民称在明代共举行的89科考试中，录取进士24866人，江南府共考中3864人，约占总数的16%。尤其崇祯十六年，明代最后一次殿试考试，江南府命中进士的数量占到全国总数的26%。注重家族凝聚力的江南人，经过几代的努力，产生了众多的科第望族，如华亭徐氏、云间陆氏、镜川杨氏、无锡华氏、江南顾氏等。另外，通过科举还孕育了众多高士，如被誉为泽被东南的顾鼎臣、一代文豪王世贞、东林领袖顾宪成等。

衣冠望族——华亭徐氏

> 吾郡自嘉、隆以来，簪缨之盛，莫如徐氏。徐始文贞太师阶、达斋司寇陟，兄弟公卿以后，甲科任子，相继显庸。崇祯初，文贞之曾孙澹宁本高，以恩袭羽林，历官都督，晋爵太傅，追袭四代。八世一品，同郡罕比。——叶梦珠《阅世编》卷五《门祚一》

华亭徐氏在明初是一个很不起眼的家族，甚至穷困到徐阶的祖父徐礼不得不入赘给黄氏。但是，从徐阶的父亲徐黼开始，到明代末年，徐氏家族共产生三个进士，两个举人，尤其是徐阶贵为首辅，位居一人之下万人

云蒸霞蔚：科举之鼎盛

之上。

徐黼（1457—1524），号思复，为徐阶的父亲，喜好诗书，曾任浙江宣平县丞、江西宁都县丞，颇有政绩，卒祀乡贤祠。曾为堂联"诗书礼乐从吾心之所好，功名富贵听天理之自然。"

徐旐（1477—1531），号谷阳，徐阶的叔父，正德五年（公元1510年）举人，同榜考中的华亭举人有胡岳、富好礼、李参、李儒、郁山等。徐阶自幼聪慧深得叔父喜爱，当徐旐参加华亭籍举人宴庆聚会时就带着八岁的徐阶，使徐阶大长见识。后来胡岳为福建按察使，徐阶为其属下。嘉靖二年（公元1523年），年近半百的徐旐和侄子徐阶一同去京城参加进士考试，是科，徐旐黯然落第而徐阶高中探花。半夜时，当送信人把考试结果告诉徐旐，徐旐听后很高兴，很快就鼾声如雷地睡着了。和徐旐住在一起的顾左山感到很奇怪，就把徐旐推醒，问道"你这把年纪还没有考中进士，怎么还能这样安然入睡呢？"徐旐答曰："我的侄子已经考中探花了，我还有什么要求呢。"接着又倒床就睡。在徐旐心中，侄子能考中探花，为族人争光，自己已经心满意足了。

「徐阶」

徐阶（公元1503—1583年），字子升，号少湖，又号存斋。嘉靖元年（公元1522年）举人，嘉靖二年（公元1523年）探花及第，授翰林院编修、国子监祭酒、礼部尚书，嘉靖、隆庆时曾为内阁首辅。著有《世经堂集》、《世经堂续集》、《少湖文集》、《存斋教言》等。

徐阶作为嘉靖朝的重臣，击垮严嵩的专权而升为首辅，随后又积极提携张居正，可以说顺利完成了嘉、隆、万时期的权力交接。极力推荐严讷任吏部尚书，纠正了许多吏治弊病。另外，徐阶还善于保全一些耿直之臣，如海瑞上奏疏批评嘉靖皇帝，称"嘉靖者，言家家皆净而无财用也。"嘉靖帝一看奏疏龙颜震怒，欲斩杀海瑞，在徐阶的得力劝解下，海瑞得以保全。因此，《明史》称徐阶"立朝有相度，保全善类。嘉、隆之政，多所匡救。间有委蛇，亦不失大节。"

万历十年（公元1582年），徐阶八十岁时，张居正向万历皇帝奏疏对徐阶进行慰问时，指出"当世宗时，承严氏乱政之后，能矫枉以正，澄浊为清，惩贪墨以安民生，定经制以核边费，扶植公论，奖引才贤。一时朝政修明，官常振肃，海宇称为治平，皆其力也"。钱谦益亦称徐阶"负物望，膺主眷，当分宜（严嵩）骄汰之日，以精敏自持，阳柔附分宜，而阴倾之。分宜败后，尽反其枇政，卒为名相。"

徐陟（公元1513—1571年），字子明，号望湖，徐阶的弟弟，嘉靖二十六年（公元1547年）进士，曾官至南京刑部侍郎。为官闲暇时着力搜集药方，最后汇集为《亲验简便方》一书。

徐元春（公元1547—1596年），字正夫，号寅阳，徐阶之孙。徐元春于万历元年（公元1573年）中举，万历二年（公元1574年）考中进士，曾为刑部主事、太常卿。徐元春与明代著名学者屠隆交游甚多。王世贞对徐元春评价甚高，称其"文武忠孝，为人伦之极"。

「徐孚远」

徐孚远（公元1598—1665年），字闇公，晚号复斋，崇祯十五年（公元1642年）举人，为徐阶曾孙。著有《钓璜堂诗集》二十卷。晚明时，曾组织几社反对魏忠贤的专权。明亡后，在南明政权为官，积极反清复明，与卢若腾、张煌言、沈佺期、曹从龙、陈士京被称为"几社六君子"。徐孚远后来辗转到台湾，潜心诗作，他的许多诗篇流露出明遗民的心态。如其《将耕东方，感念维斗、卧子，怆然有作》，有文为：

荷锄东海复何言，回首亲交总泪痕。曩岁英华联研席，两君名姓各飞翻。何人为乞王琳首，自古难招屈子魂。独立苍茫无限恨，岫云归尽掩柴门。

徐孚远之诗尽显遗民有国难归之心情，前国民党主席连战的祖父连横在《台湾诗乘》中言"闇公之诗，大都眷怀君国，独抱忠贞，虽在流离颠沛之时，仍寓温柔敦厚之意；人格之高，诗品之正，足立典型，固非藻绘之士所能媲也。"

云蒸霞蔚：科举之鼎盛

华亭徐氏从一个普通百姓家庭，在一百多年间能产生数位进士、举人，出现"八世一品，同郡罕比"的现象，自有其原因。从这个家族的核心成员徐阶的言行中，可以窥见一二。徐阶回忆父亲对自己的教诲时言：

昔我大父，以善为乐，暨于先公，以复为学。嗟小子之固昧，奉遗训之赫若。省身克己，欲趾美未能；辅德代言，念旷职而多怍。惟乾乾持不敢怠肆之心，庶几乎少答眷知，而无忝于述作。

即祖父、父亲对徐阶的教导使其能够不断的鞭策自己，做到克己躬身。嘉靖九年（公元1530年），徐阶因上书言事遭到权贵排斥，放归家里，徐阶感到非常沮丧。其叔父徐旈劝告他不要以一时得失为念。徐旈死后，徐阶听到消息，为之恸哭，在叔父的祭文中称："某自少侍叔父，则获奉仁义廉耻之训，童心俗见指以为迂，率意冥行入于过。近始觉悟，欲一去凡陋，趋于高明，翘首新海，觊有成就，以无增祖考之羞，重天之怒，而叔父遽舍我以殁。"可见徐旈对徐阶的教育之功。

徐阶给徐陟的书信中屡屡以修身、问学之道告之，兹以其中一封书信来发窥徐阶教导弟弟读书之苦心：

得书审老母康健及闻吾弟进修之详，甚慰。然君子之为孝就养无方，其为学亦深造不已，愿吾弟勉之，卓然成个大儒也。寄到文字此中有小冗，仅阅得数篇，中间以愚见窜易数字不知果是否，吾弟再细求之。区区少年，偷惰学行无成，近始追悔，

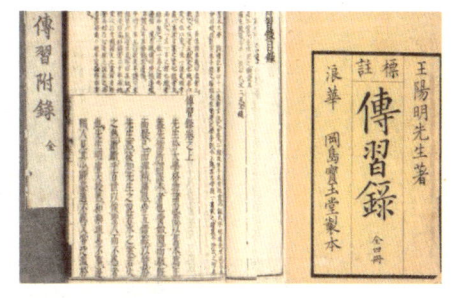

「《传习录》」

求抵上达，而沉酣之余未易得醒，静思反观不任悚惧，诸凡过失望吾弟不惜尽言。盖亲爱莫如兄弟，吾弟又聪敏知理道者，吾弟不言则无为予者矣。《传习录》、《文录》时读一过，大凡做个好人自是职分，不必要与人同，亦不怕人非笑，中流砥柱视木梗之随波者何如？留意留意。

徐阶对弟弟徐陟的教导涉及多方面，如为人、为学、为官，希望弟弟能成为孝子、大儒及国家之重臣。

徐阶对孙子徐元春教诲颇多，如其言徐元春"尚坚志力行，勿怠勿恐，于亲友之慕悦势利者，谈说恩怨者，厌堕职业者，鲜腆服食暴殄沉湎者，

或远或绝，以期卓然成一大丈夫，垂名不朽，则吾信哉。有后生无忧惭，死无愧憾矣。惟汝勉之勉之。"当徐元春任刑部主事时，许多人认为这是个闲差，纷纷为徐元春抱不平。徐阶则告诫他刑部主事虽然是个冷差事，但可以远离他人的诽谤，有足够的时间安心读书，应该说是个大福气。另外，徐阶把自己读书的心得体会告之孙子徐元春，指出读书"宜先取《大学衍义》读之，次看杜氏《通典》及抄世庙、穆庙实录，万历以来邸报，分类讲求，庶得详当也"。徐阶还告诫孙子徐元春为官不要躁进，不要标榜立门户。

华亭徐氏正是在这种注重家族传承教育的风气之下，经过一代代不断接力，使徐氏由一个普通家庭成为江南望族。

科第连连——云间陆氏

> 云间望族，首推陆氏，昭侯以降，盛衰递有，不必言矣。明嘉靖中，文定公树声及弟树德相继登进士。文定以辛丑会元入词林，官至大宗伯。树德以会魁官至开府，其后轩冕蝉联，不一而足。以予所见，崇祯壬午一科，应天中式兄弟四人，庆臻、庆衍、庆绍、亮辅。亮辅字左臣，庆衍字椒颂，俱癸未联捷。其他明经、茂才异等不下数十余人，可谓一时极盛。——叶梦珠《阅世编》卷五《门祚一》

「陆树声」

松江云间陆氏和华亭徐氏一样在明代中叶以前，世代为农，从陆树声这一代才开始崛起，到崇祯末年，一百年间，陆树声家族共产生五位进士、四位举人，盛极一时。

陆树声（公元1509—1605年），字与吉，号平泉，学者称之为"平泉先生"，别号适园主人，嘉靖二十年（公元1541年）进士，曾为礼部尚书。著有《长水日钞》、《陆学士杂著》、

云蒸霞蔚：科举之鼎盛

《陆文定公集》等。陆树声为官清廉，不畏强权。被誉为"嘉靖数十年间，海内清望，必以平泉先生为第一"。张居正为首辅时，极力推荐陆树声，但其不为所动，不再入仕。《明史》称其"端介恬雅，翛然物表，难进易退。通籍六十馀年，居官未及一纪。"

陆树声高寿97岁，朝廷为其立百岁坊。清人赵吉士《寄园寄所寄》载陆树声以大宗伯致仕，六十岁了还没有儿子。陆夫人偷偷为陆树声雇十个年轻貌美的丫鬟，在其生日时派出来为他祝寿。陆树声见到这种情况，心神领会夫人的苦衷。但陆树声让手下人拿来百金，并把十个丫鬟的父母叫来，言道"吾老不足辱诸女，各赠十金为嫁资，使更择婿"。后来邻居家有个女儿连嫁三处，丈夫都先后死掉，乡里认为此女克夫，以为不祥，没有人再敢娶此女。陆树声听说这件事，称"是真吾妾矣"。于是，娶了这个女子，后来生下儿子陆彦章。

陆树德（公元1522—1587年），字与成，号阜南，嘉靖四十四年进士，曾为礼科给事中、都给事中、右佥都御史巡抚山东。为言官三年，屡上书言事，颇中时弊。著有《陆中丞文集》。陆树德不仅严以律己，且对属下亦是严格要求。《明史》称陆树德"素清严，约束僚吏，屏绝声伎"。

陆彦章，字伯达，陆树声之子，万历十七年（公元1589年）进士，曾为南京刑部侍郎，工于诗文。

陆彦桢，字以宁，陆树德之子，万历二十三年（公元1595年）进士，曾为南京吏部考功司主事，工于书法。

陆庆衍，陆彦章之孙，崇祯十六年（公元1643年）进士，工于书法，以才名重于当世。

陆树声曾孙辈，陆庆臻为崇祯十六年（公元1643年）举人，清初以诗文雄长东南，学者称"笏田先生"。陆庆绍以青浦县籍中崇祯十六年癸未科举人。

「陆彦章」

云间陆氏自嘉靖以后，科第连连，显耀当世，但出身下层普通老百姓的陆氏家族成员为官皆为廉正，不惧权势。子孙虽然多有科名，多不留意官场，而是在学问、书艺方面多有造诣。

成功转型——镜川杨氏

初，杨氏里中花木，往往有连理双瓣者，里人窃异之，不知其何祥也。既而碧川公与兄守陈皆举乡试第一，皆甲科高等，官词林，对掌两京学士，位并少宰，方知其兆。按公家乘，三世：大父栖芸先生范，赠吏部右侍郎，生三子，长自惩，赠吏部侍郎。生子二：守陈，礼部尚书，谥文懿；守阯，太子少保、吏部尚书。次自念，赠大理寺卿，子守随，太子少保、工部尚书，谥康简。少自忞，赠兵部员外郎。子守隅，广西布政使。文懿公二子：茂元，刑部右侍郎；茂仁，四川按察使。而碧川公婿陆偁，进士，按察副使。三外孙：长钶，进士、副都御史；次铨，进士，广东布政使；少釴，一甲第二，山东按察副使。次婿李堂，进士、工部侍郎。盖公少传文懿之学，一门次授，七业俱成，并为国家名臣。及陆氏诸外孙，俱经指授，能世外大父科名。盖东南文献于斯为极盛矣。——（清）徐兆昺《四明谈助》卷三十六

镜川杨氏在元末明初家产丰厚，但随着朱元璋打击富豪及对江南重徭苛敛，镜川杨氏日渐没落。到永乐年间，从杨范开始逐渐崛起，以诗书、经学传家，走上科举兴家之路。不仅子孙科第蝉联，且女婿、外孙俱有科名，成为东南显宦之家。清人徐兆昺在《四明谈助》花了很大篇幅介绍镜川杨氏科举盛况。

杨范（公元1375—1452年），字九畴，人称栖芸先生。杨范潜心学问，以教书为业，在当地颇有影响，“操行诚确，虽燕居，常盛服而坐。读书至丙夜。通《易》、《诗》、《书》三经，潜心圣学，视当世毁、誉、荣、辱漠然也。晚年操履弥笃”，“以道德文章鸣于乡”。参与修订《宁波府志》，著有《四书直说》、《道统言行集》、《栖芸稿》等。

在父亲杨范的影响下，杨自惩一边教书一边备战科考，无奈运气不济，到53岁仍未获得科名。在地方官的举荐下，于景泰元年（公元1450年）

云蒸霞蔚：科举之鼎盛

任职泉州府仓副使，接下来便是一心教育儿子应举。著有《梅读稿》《大明律赋》等。

杨守陈（公元1425—1489年），字维新，杨自惩长子，景泰元年（公元1450年）浙江乡试第一名，即我们现在的省高考状元，景泰二年（公元1451年）考中进士，曾为礼部尚书。参修《大明一统志》、《宋元通鉴纲目》、《宪宗实录》，著有《晋庵稿》、《镜川稿》、《东观稿》、《桂坊稿》、《金坡稿》、《诸经私抄》等。

「杨守陈」

杨守随（公元1435—1519年），字维贞，号贞庵，杨守陈堂弟，成化二年（公元1466年）进士。曾为工部尚书，著有《历官奏议》《贞庵集》。

杨守阯（公元1436—1512年），字维立，号碧川。成化元年（公元1465年）举人，曾为吏部尚书。因任职《大明会典》副总裁，人称其为"杨太史"。著有《碧川文选》、《困学寔闻录》等。

杨守隅（公元1447—1525年），字维德，号西川，又号黑庵，杨守陈堂弟。曾任工部主事、广西布政使。

杨茂元（公元1450—1446年），杨守陈之子，成化十一年（公元1475年）进士，曾任刑部右侍郎。著有《麟洲存稿》。

镜川杨氏在杨守陈一辈中，分别有礼部尚书、工部尚书、吏部尚书，故有"一门三尚书"之称。全祖望指出在杨氏五世之中，有"四开府、三翰林、两台谏、四监司，而守牧以下无论也"。因此，清代著名学者万斯同称"人物杨家称最奇，一门诸老出同时。村前流水澄千丈，想见群公冰雪姿"。

据钱茂伟先生统计，镜川杨氏在明代一共产生10位进士，其中三位尚书、一位侍郎、一位省级官员，其他级别的官员无数。在杨氏的带动下，其女婿、外孙共中五位进士。对于一个已经破败的家族，经过三代的经营，一百多年间，涌现这么多进士，且多为显贵。必有其成功之道。

镜川杨氏的成功秘诀在于"家族的教育互助，优秀人员的带动，成功人士的辅导"。杨守陈曾言"余儿时，先祖栖芸先生，一以古小学之教教之"，"与诸弟，少皆师先大父，而授《易》于先父"。杨氏在家庭教育中注重一经传世，即专攻《易》经，以及家族成员的勤奋能干，使这个家族很快便成为江南望族。

才华横溢——顾鼎臣

吴越之地，进入明代后，随着各方面的发展，在科举人才的竞争方面逐渐走在全国前列，史籍所载"科目之设，惟吴越为最盛"。松江府在明代"科诏始下，人才已彬彬然，百余年来，文物衣冠，蔚为东南之望"。由此，一大批才华横溢之士踏入科举之路，产生了泽被东南顾鼎臣、东林领袖顾宪成、端亮有学行的毛澄、江南怪才屠隆等官场或学界名人。

> 顾鼎臣（公元1473—1540年），字九和，号未斋，苏州府昆山县人，弘治十八年（公元1505年）状元，授翰林院修撰，曾任礼部尚书兼武英殿大学士。著有《未斋集》、《文康公全集》。

「顾鼎臣」

顾鼎臣为侧室所生，当时其父顾恂已经57岁，其母原系顾家的婢女。正是由于此种原因，顾鼎臣从小受尽欺凌。沈德符《万历野获编》载顾鼎臣幼时不受待见，读书古寺中，穷困至极，"暇则与群儿唐赖者，盗邻家狗烹之；薪尽，则析木偶罗汉供爨，至糜烂与诸稚共哎，人诮责之，不顾也。"正是这种艰苦情况，造就了顾鼎臣坚忍不拔、忍辱负重的性格。

顾鼎臣自幼聪慧过人，读书刻苦。清人钱德苍《解人颐》中载，有一天，幼小的顾鼎臣和父亲一起观赏在新柳树上栖息的黄莺，父亲触景生情，吟出上联："柳线莺梭，织就江南三月景"。顾鼎臣应声对道："云笺雁字，传来塞北九秋书"。还有一次，私塾老师想出一对子考他，拟出上联：

云蒸霞蔚：科举之鼎盛

"花坞春晴，鸟韵奏成无孔笛"。顾鼎臣立刻答道："树庭日暮，蝉声弹出不弦琴"。对仗鲜明，趣味横生。

顾鼎臣才识过人，江南巡抚朱瑄很看好他，于是把女儿许配给顾鼎臣。顾鼎臣的夫人朱氏为大家闺秀，见识颇广，极力支持丈夫应举。当顾鼎臣秉烛夜读时，朱氏便在一旁做针线活陪读；当顾鼎臣忙于应举无暇治产业时，朱氏勤俭持家，甚至卖掉首饰供其读书。使顾鼎臣得以专心为学，于弘治十八年（公元1505年）终得大魁天下。

顾鼎臣能考中状元，除了妻子朱氏的大力支持，还与哥哥顾左的尽力引导有关。顾鼎臣在哥哥顾左六十岁生日，为其作寿序时，言及顾左对其的关照：

每入夜分，尝窃自谓先生之友于其弟，古未之唐。冀其发也，若宝树焉，莳之维之，培之壅之，唐其燥湿，而畅其枝叶，将护其花，寔恐其阏而不遂。幸其成也，若重虞焉，琢之磨之，什之袭之，安其措置，厚其覆籍，而斥远其灾害，惟恐其玷缺。喜其在侧，而乐之也。若清庙之瑟，夜光之珠，丰城之剑，御之以桼几，荐之以文裀，泽之以鹈膏，摩挲不弄，久而不忍舍，蒙于先生者如是。

由于顾鼎臣是父亲顾恂晚年得子，所以他与哥哥顾左的年龄相差较大。顾鼎臣的言语之间，尽显哥哥顾左对其关照之情。

关于顾鼎臣中状元之事，《明良记》载有一段奇闻。弘治十八年殿试题目由大学士刘健拟定，状元出身的谢迁为其副手。考试过程中，出于好奇，谢迁问刘健殿试策问题目有什么用意，刘健随口答道："不过是以纯王之心，行纯王之政耳。"谢迁说"这个考题有一定难度，估计考生很难领会到，即便我去考试，也弄不到状元。"在刘健与谢迁的交谈中，顾鼎臣的策问部分已经答完，但发现缺一页，到底缺页部分是什么内容呢？聪慧异常、反应敏捷的顾鼎臣根据上

「刘健」

下文意，补正所缺页内容，恰好其意思与刘健所拟题目耦合。阅卷时，刘健费尽心思找不到领会自己意图的试卷，倍感失望时，发现了顾鼎臣的试卷，于是兴奋地拿着试卷告诉谢迁"天下士岂少哉？吾意有会者矣"。并且顾鼎臣在试卷末留下十九行空白，而该科的阅卷大臣正好为十九人。依照惯例，每个阅卷人都要写上自己的评语。主考官刘健见此情景，不禁叹道："此子用心不凡，适留其额耳，盖状元卷。"于是，诸考官一商量便拟定顾鼎臣为一甲一名，送交皇帝钦点为状元。

顾鼎臣为官后，曾建议朝廷减轻对江南的重税政策，并主张修建昆山城。不过，当时工部对修城的态度不积极，以各种借口进行推诿。顾鼎臣身处礼部无法干预此事，只好从各方面进行呼吁，使朝廷认识到昆山地位之重要性。同时，又要做好地方官员、乡绅的工作，使其积极配合此事，不要给当地百姓带来负担，"其财无取诸民，取诸郡邑公帑之余；其役无劳诸民，凡子来者偿其直；富而乐助者，旌其义；有罪而矜疑者，则听其旷焉"。在顾鼎臣的努力下，经过一年多的时间，昆山城最终得以修成。

嘉靖三十三年（公元1554年），倭寇大举侵犯昆山，幸亏有昆山城的牢固屏障，成功抵御了倭寇对昆山的围攻，有效地防御了倭寇、海盗的袭击，保卫了当地老百姓的安全。苏州人赞誉其"泽被东南，功存桑梓；救时良相，名炳青史"。为纪念其所建功勋，昆山当地专门为其建祠堂。大学士翟銮称其"嘉靖中兴相业者，当有所归"。

「顾鼎臣祠堂」

东林领袖——顾宪成

> 风声、雨声、读书声，声声入耳；
> 家事、国事、天下事，事事关心。
> ——顾宪成

顾宪成（1550—1612），字叔时，人称泾阳先生，亦称东林先生，无锡人。

云蒸霞蔚：科举之鼎盛

「顾宪成」

万历八年（公元1580年）进士，曾任泉州府推官、吏部员外郎、吏部文选司郎中。顾宪成以东林书院为基础，形成了一个影响颇大的"东林党"。著有《小心斋札记》、《还经录》、《证性篇》、《东林会约》、《东林商语》、《南岳商语》等。

顾氏家族属于江南望族，但到了顾宪成父辈时，已是家道中落，不过顾宪成的父亲善于经营，让家道日渐兴盛起来，算是成为一个富裕家庭。顾宪成五六岁时，就到私塾读书，学习四书五经等。十五岁时跟随理学名士张淇学习，随后又师从薛应旂，学问水平大增。万历四年（公元1576年）乡试第一，万历八年（公元1580年）中进士。顾宪成在吏部任职，过于书生意气，办事缺乏圆通，经常得罪上司，在官场上郁郁不得志。万历二十一年（公元1593年），因敢于直陈时事，得罪万历帝，被削职归乡。

顾宪成归乡之后，依儒家之三不朽，应该立德、立功、立言，但立功对顾宪成而言已无从谈起，惟有立德、立言。顾宪成在故里，基本以讲学为主，这也颇迎合明代中晚期兴起的讲学之风。在顾宪成的积极运作下，东林书院于万历三十二年（公元1604年）得以重修，成为当世名流学术交往、布道传教的一个平台，以顾宪成为首，顾允成、高攀龙、安希范、刘元珍、钱一本、薛敷教及叶茂才，并誉为"东林八君子"。

「东林书院」

八君子通过自己的讲座，直陈现实，批评时政，与朝中的言官遥相呼应，无形中成为在野的监督机构。另外，东林党人通过频繁的讲学活动，诸如一月一小会，一年一大会，吴越之地及周边各地学人闻风而动，汇聚于东林书院，聆听著名学者的讲学，由此培养大批人才。可谓"上自名公卿，下迨布衣，莫不虚己悚神，执经以听，东南讲学之盛遂甲天下"。

顾宪成等东林人士,以"风声、雨声、读书声、声声入耳;家事、国事、天下事、事事关心"为办事准则,强调经世,主张"官辇毂,志不在君父。官封疆,志不在民生。居水边林下,志不在世道。君子无取焉。"通过讲学,顾宪成声誉日隆,朝廷欲重新启用他。但顾宪成经过再三思考,上奏疏曰:"臣以疏庸,重负任使,顷蒙皇上简录,宜当竭蹶而趋。惟是臣年六旬,两目昏花,两耳重听,起居尚须扶掖,何能勉效驰驱?反复思之,与其冒昧而进,孰若审量而退;与其出而颠沛,孰若处而苟全。"顾宪成委婉拒绝的朝廷的征召,终其生以讲学论道为务。

作为晚明东林学派的主要创始人,进士出身的顾宪成不是以官位显耀于世,而是以自己的学问、人格魅力影响着一大批人。黄宗羲在《明儒学案》中称顾宪成的东林学派,乃"一堂师友,冷风热血,洗涤乾坤"。清人胡慎在《东林书院志序》中亦言"至明弘、正之世,则姚江之学大行,而伊洛之传几晦,东林亦废为丘墟。至万历之季,始有端文顾公、忠宪高子振兴东林,修复道南之祀,仿白鹿洞规为讲学会,力阐性善之旨,以辟无善无恶之说,海内翕然宗之,伊洛之统复昌明于世"。可见顾宪成振兴东林学派及宣扬伊洛儒学之功,以至于"海内翕然宗之"。

「《明儒学案》」

「归有光」

当然在吴越之地,通过科举选拔出来的名士大家,除了顾鼎臣、顾宪成之外,还有很多,诸如一代文豪王世贞、文武兼备唐顺之、评点大师归有光、藏书大家茅坤等,皆为当世名流,各领风骚,这里不再赘述。

积重难返：科举之垂暮

　　清王朝在选拔官吏时，如明代一样，十分重视进士出身，尤其是显要位置，一般优先考虑科第名次靠前者。在清廷众多优惠政策的激励下，长江流域的江西、江苏、浙江、安徽、湖广这些原来教育基础就比较好、经济相对发达的地区，再次出现了人才辈出的情况。

满清贵族入主中原，立国之难度要远大于以往改朝换代的帝国。他们不仅要尽快恢复战争创伤，还要缓和满汉之间的敌视态度，重新建立社会秩序和道德价值体系。为此，顺治、康熙、雍正、乾隆年间，这些帝王一直在琢磨这个问题，严厉治国，打击复明情绪，随之而来的是各种莫须有的血腥大案，其效果只能是汉人远离朝廷，自娱自乐，王夫之、顾炎武、黄宗羲之类是也。在高压统治之外，也采取怀柔笼络汉人的政策，通过开科考试，吸引大批读书人走向仕途，并逐步利用博学宏词科选拔优秀人才，营造满汉一家的社会氛围。

「王夫之」

清政府为了鼓励更多的士子为国家服务，为有一定的科名的士人制定了多重优惠政策，诸如税收、政治地位等。顾炎武曾言"一得为此，则免于编氓之役，不受侵于里胥，齿于衣冠，得于礼见官长，而无笞捶之辱。故今之愿为生员者，非必其慕功名也，保身家而已。"对于科目选士，晚清大员左宗棠深有体会，"选举废而科目兴，士之为此学者其始亦干禄耳，然未尝无怀奇负异者出其中。科名之能得士欤？亦士之舍科名末由也？惟朝廷有重士之意，主试者不忍负其一日之长，则兴教劝学其效将有可睹，于世道人心非小补也。"左氏从科举有益于文化教育的角度出发言其重要性。

清王朝在选拔官吏时，如明代一样，十分重视进士出身，尤其是显要位置，一般优先考虑科第名次靠前者。如清人所言"国朝仕路，科目尤重翰林，卜相非翰林不与。大臣饰终必翰林乃得谥文。他官叙资，亦必先翰林，翰林入值两书房，……然自康雍以来，名臣大儒，多起翰林。咸同间，胡林翼、曾国藩、李鸿章，皆以翰林为将。……故论者终矣翰林为清品云。"

在清廷众多优惠政策的激励下，长江流域的江西、江苏、浙江、安徽、湖广这些原来教育基础就比较好、经济相对发达的地区，再次出现了人才辈出的情况。如赵刚《康熙博学鸿词科与清初政治变迁》载"从洪武到万历，各科状元、榜眼、探花计245人，其中南方籍215人，占88%，而北方籍只有29人，仅占12%"。而清初博学宏词科中被举荐者和所录取之人绝大部分属于江南之地。

积重难返：科举之垂暮

> 风气所向，数世的积累，长江流域的巴蜀、荆楚、江右、永嘉等地产生了众多科举世家，有父子兄弟联榜的，有兄弟皆为三鼎甲的，有代代皆有科名的，无不成为当地之显要。科举传家，在一定程度上成为一种社会追求。不过，在一种事物发展到极盛时，必然物极必反，产生一些负面因素。清代不少文学作品描写了千姿百态的科举人生，也为我们展示了一幅清代科举史的魅力画卷。

汇聚人才的博学鸿词

「顾炎武」

满洲贵族建立清帝国的初期，一直纠结于满汉问题，采取怀柔政策，既要对公开或半公开的反抗者高压严打，又不能太过分，引起全面的民族对抗，故而有限地采取怀柔政策。前者如"扬州十日"、"嘉定三屠"及"庄廷鑨明史案"，对江南士人以致命性打击。后者如开科取士、优待士子。但在用人方面，还是对汉人存有芥蒂，不敢委以实权重任。这样使江南士人开始游离于政府之外，不为五斗米折腰，淡于名利、不乐仕进，像顾炎武、黄宗羲、朱彝尊、严绳孙等大批名士，从来不参与政府的举荐及考试，即对政府采取一种不合作的态度。

康熙帝是一位具有宏才大略的帝王，认识到只有获得大批优秀人才的认可，朝廷的统治才能相对稳定，朝廷的运作才能更为畅通。于是，康熙十七年（公元1678年），下谕诏要

「黄宗羲」

通过博学鸿词科，选拔天下英才，其文为：

　　自古一代之兴，必有博学鸿儒，振起文运，阐发经史，润色词章，以备顾问著作之选。朕万机时暇，游心文翰，思得博洽之士，用资典学。我朝定鼎以来，崇儒重道，培养人材。四海之广，岂无奇才硕彦，学问渊通，文藻瑰丽，可以追踪前哲者。凡有学行兼优、文词卓越之人，不论已仕未仕，令在京三品以上及科道官员，在外督、抚、布、按，各举所知。朕将亲试录用。其余内外各官，果有真知灼见，在内开送吏部，在外开报于该督、抚，代为题荐。务令虚公延访，期得真才，以副朕求贤右文之意。

「康熙帝」

　　从康熙所下的谕诏来看，是希望通过博学鸿词科选拔博学有才之士，以备朝廷所用。并且要求在京城及外省的各种官员务必把学问精湛、道德高尚、文采飞扬之士，无论其是否已经为官，只要有真知灼见，都要选拔推荐过来。

　　何为博学鸿词科？从隋唐开始，历代实行的科举制，只不过是在科举选士的考核内容、录取方式等有所差异。到了明代科举取士的方式已经很成熟了，清代基本上是承袭明代的选士之制。而博学鸿词科，是与传统的科举选士同时进行的一种特殊选拔人才的方式，属于科举之外的特科，由皇帝亲自进行考试，主要是便于挑选一些非常之才。

　　明清易代，晚明士人经历了天崩地裂的精神痛楚，许多人怀着故国重游的梦想，不愿与清廷合作，以读书作文、游历山水为乐。同时统治者也是戴着有色眼镜对待汉人，尤其是江南有文化的士人。许多读书人的志向得不到实现，有的终日纵情山水之间，以美景度日耗时；有的归隐山林，著书授徒为乐；有的潜心学问，以学术经世为己任。面对此种时局，雄才大略的康熙帝逐渐认识到仅靠肉体的摧残是难以服众，必须从文化心理上使读书人接受这个朝廷，尤其是让其中的杰出人士认可朝廷，进而驯服天

积重难返：科举之垂暮

下，于是举行有别于传统科举的博学鸿词科。

> 虽然，有些学者认为康熙帝所设的博学鸿词科别有用意，有一定的政治意图。但不管康熙帝的主观意图如何，该举措确实把一大批各种类型的优秀才士汇聚在一起。

当时朝廷内外各级官吏想尽一切办法，了解全国各地的学问家的情况，最后推荐了两百人。康熙帝考虑到很多读书人生活穷困，为了让他们安心、舒适地考试，除了在京城任职的官员，其余应考者每人月俸白银三两、米三斗。考试当天，康熙帝先设欢迎宴款待各位考生，弄了五十张大桌，每桌有四个高椅，宴上有各种美味佳肴、时令水果，每张桌子还有二品大员陪同吃喝。这哪里是要举行考试，分明是在招待贵宾嘛，可见康熙帝用心之良苦。宴后开始考试，题目只有两个，一赋一诗，对于这些学问老手而言，真是小菜一碟。但是也有些学者比较认真，弄到晚上还没有做完，朝廷还给予蜡烛，让其继续做题。

考试完毕，康熙帝亲自阅卷，试卷并没有像科举考试一样进行密封、誊录之类，而且判卷尺度很宽。甚至一些名儒不愿意配合，不想考中，故意弄错或者少答题，也不影响录取。譬如以诗赋见长的严绳孙两个题目仅答一题，还有擅长经术的汪婉故意在赋中弄些含沙射影的字句。博学多闻的朱彝尊写出"杏花红似火，葛叶小于钗"的句子，众考官都说这诗句写得太差，康熙帝打圆场说朱彝尊是故老名士，不必介意其小瑕疵。就这样，许多故意应付、懈怠的试卷，最终也都通过。最终选拔50位，其中一等20位，二等30位。朱彝尊、汪婉是一等，严绳孙是二等，这50位被选中者全部入翰林。明清时期，正规的科举只有一甲才有机会直接进入翰林，进入翰林意味着官运亨通。尤其像一些以前是低级官员的，甚至像朱彝尊、潘耒、严绳孙还是布衣出身，通过博学鸿词科，一下就进入了翰林，这是何等的荣耀。荣耀背后，是康熙帝看中的才华。清代著名学者沈德潜曾言"理学、儒林、名臣、硕辅，皆出其中。人文之盛，为本朝设科之冠。拟之唐宋，盖远过云"。著名史学家孟森也称赞这次博学鸿词科"取士最宽，而最为后世所传述。性道、事功、词章、考据，皆有绝特之成就。"

顺治时期、康熙初年，在正规的科举选拔中，南方学人相对遭到压制。江南士绅地位低下，从顺治元年至康熙十年任职的 30 名大学士中，江南籍的只有 7 人，在清初录用的 100 多名归降清廷的大臣中，江南籍仅有 15 人。不过由于康熙帝对真才实学者十分渴求，这次博学鸿词科所录取的鸿儒绝大部分是长江流域的名士。

康熙十八年（公元 1679 年）博学鸿词科录取情况

地区	被荐者	一等录用者	二等录用者
浙江	67	6	9
江南（江苏、安徽及上海）	66	9	14
江西	5		3
福建	4		
山东	13		1
河南	5	1	
陕西	10	1	
顺天	8	2	1
直隶	9	1	2
湖广	4		
四川	1		
辽阳	1		
山西	7		
合计	200	20	30

此表根据赵刚《康熙博学鸿词科与清初政治变迁》一文中的相关数据所制，从表中我们可以清楚地发现，在被推荐的 200 人中，长江流域的各区域占有 147 人，占总数的 73.5%；其中被录用的一等有 15 人，占 75%；被录用的二等 26 人，占 87%；总共被录用的人数有 41 人，占总数的 82%。虽然这些数据的采量比较少，但这次特殊的人才选拔，在一定程度上反映长江流域的中下游区域在清初科举考试中还是占有绝对的文化优势。也表明在南北方人才竞争中，南方占有明显的优势。实践也不断证明，从康熙中叶以后一直到清末，长江以南区域始终处于文化优势地位。

康熙十八年（公元 1679 年），通过博学鸿词科所录取的 50 人，可以说涵及了各个领域的精英，被称为"一时名儒硕彦，多预其选，得人号为极盛"。梁启超《论中国学术思想变迁之大势》亦言"清兴，首开鸿博，

积重难返：科举之垂暮

「汤斌」

以网罗知名士；不足则更征山林隐逸，以礼相招；不足则复大开明史馆，使夫怀故国之思者，或将集焉。上下四方，皆入其网矣。"其中包括有理学名士汤斌、施闰章、毛奇龄等，注重经世的名家汪琬、李来泰、邵吴远等，经史见长的朱彝尊、潘耒等，擅长诗赋的严绳孙、龙燮、尤侗等。

一代醇儒——施闰章

> 施闰章（公元 1618—1683 年），字尚白，号愚山，安徽宣城人，清初理学名家、诗人。顺治六年（公元 1649 年）进士，参加博学鸿词科，名列二等，授翰林侍讲，参与编纂《明史》，随后任河南乡试主考官及侍读。

其祖父施鸿猷，学者称中明子先生，师从于罗汝芳之高徒，深为焦竑、邹元标等理学名士看重。其父施誉孝友绝人，从事理学，德行事迹可见于《明史·孝友传》。施闰章出身于理学世家，六岁时，父亲就教其读《孝经》，从小对理学耳濡目染。但施闰章三岁失去母亲，九岁又失父亲，完全是在叔父的抚育下成长。其叔父待其就像自己的儿子一样，管教颇严，并且让其跟随当地名儒学习，希望施闰章能考取功名。施闰章读书用功，颇具才气，家乡的县令很看好他，称其迟早会成名的。施闰章的老师也对其赞叹不已，言其成就会出类拔萃的。顺治六年（公元1649年），施闰章考取进士，授刑部观政，曾因侍养叔父而不愿到京城任职。清代著名学者尤侗称施闰章"天性纯笃，言坊行矩，叹为今之古人"。其弟

「施闰章」

子蒲松龄言施闰章"真宣圣之护法"。

顺治十三年（公元 1656 年），施闰章任山东学政，相当于山东省教育厅厅长，以儒家的道德标准选贤用能，使山东崇经重儒的风气日盛。施闰章给别人的书信中也谈到自己这么做主要是受祖父理学的影响，办事公正，以理服人。江增华《清初历史文化视野中的施闰章》中有一则故事，言说施闰章在山东任学政时，以文取才，从不收受他人东西。有一天安丘刘相国来信希望帮忙关照一下他的一位亲戚，施闰章没有答应。有客人对施闰章说，这个事情处理的妥当与否，直接关系到官位的升降问题。施闰章言"我宁可不当这个官，也不能因此有悖于名教"。刘相国得知此事大怒，就把亲戚考试的试卷拿来一看，觉得施闰章做得很对，秉公办事，不畏强御，不贪私财，是真君子。

「徐世昌」

顺治十八年（公元 1661 年），施闰章任江西参议，负责管理临川、袁州及吉安府，修建景贤、白鹭等书院，定期祭祀王阳明、罗汝芳等理学大师，以行教化之风。施闰章为官清廉，回家时无舟可乘，靠御史所赠船返回故里，渡过河后，携带的盘缠也用完了，只好把御史所送船卖掉，并作《卖船行》，其中有"谁言在官有余禄，倒箧购书犹不足。"回到故里后，他以侍养叔父为由，不再为官。一直到康熙十七年（公元 1678 年），被迫应朝廷的博学鸿词科才再次踏入京城。最终名列二等，授命参修《明史》。康熙二十年（公元 1681 年），任河南乡试主考官时，录取了张伯行等四十余人。

施闰章在祖父及父辈的影响下，一生始终秉持儒家的标准，以此作为自己做人、办事的准则。著名学者杭世骏认为施闰章的学问"非一世之学，关、闽、濂、洛之学"。徐世昌《清儒学案》亦称施闰章"德行政事实与睢州（汤斌）、平湖（陆陇其）相伯仲，固一代醇儒也。"

经术为宗——汪琬

> 汪琬（公元1624—1690年），字苕文，号钝庵，又称尧峰先生，长洲人（苏州）。顺治十二年（公元1655年）进士，康熙十八年（公元1679年）举博学鸿词科，列为一等，曾任户部主事、刑部郎中，参修《明史》，著有《尧峰诗文钞》、《钝翁前后类稿》、《钝翁续稿》、《古今五服考异》等。

汪琬出生于一个有功名的世家，从其曾祖父起科名连递，其父汪膺于天启七年（公元1627年）中举，善为诗文著有《寸碧堂诗稿》。汪琬十一岁时，父亲去世，家庭一下困顿下来，兄弟三人与母亲相依为命，艰难度日。少年汪琬读书勤奋刻苦，十岁开始练习时文，因生活所迫，十八岁就成为塾师，从事教育活动，虽然年纪轻轻，但口碑甚好。汪琬就把教书得到的报酬节省一点用来买书。

明清易代之后，汪琬曾参加举人考试，没有考中。当时，江南一带讲学风气比较浓厚，汪琬经常参加这样的讲学活动，与学界名人吴伟业、尤侗交往甚多。顺治十二年（公元1655年）

「汪琬」

考中进士，曾任户部主事。清廷为打击江南士绅的不配合，以欠粮为由，掀起一场影响深远的江南奏销案，江南显宦、名士倍受打击。汪琬也被罢官，宦海漂泊不定，生活穷困潦倒。康熙即位后，汪琬也未得到重用，终日和龌龊小吏打交道。接着，妻子的去世，对汪琬打击很大。"宦情家计两茫茫，白尽头须俱可怜。使汝今年犹健在，定应相劝赋归田。"追忆妻子的诗文中汪琬表达了他对生活的态度，汪琬对仕途已经没有太多奢望，归心似箭。康熙九年（公元 1670 年），汪琬归隐老家，以读书为乐。

康熙十七年（公元 1678 年），康熙帝下诏举行博学鸿词科，汪琬由于学识甚高，被举荐到京城参加考试。汪琬《闻荐举诏言志》中谈到"久忘笺传语云何，蚕谱农书记忆多。腰了一镰肩一笠，只应赴个历田科"，自己长时间从事农桑之活，经传之语早已忘却，戏称仅能应举"历田科"。汪琬只想"白头愿作村夫子，一卷蒙求聚后生"，在村里教书度过余生，"万事思量都是错，他生莫见宰官身"，思前想后，不愿意再到京城应试为官。但迫于朝廷的压力，年过半百的汪琬还是到京城应试博学鸿词科，名列一等，授职翰林编修，参与编修《明史》。因在修《明史》的相关问题上，诸如史料、体例等方面与总裁叶方蔼观点不一。康熙二十年（公元 1681 年），乞病归故里，隐居尧峰山，著书授徒，世人称之尧峰先生。

汪琬出身于有功名的家庭，较早便有读书为文、入仕为官的意识，但宦海无常，加上自己生性狷直，为官办事得力，却乏于人情事故，和其同中进士的多已官运亨通，而汪琬却是一再蹉跎。由此，汪琬的志向由官场转向学问，因此归隐期间，反倒是其人生最快乐的时候。如其《小像自赞》中云："吏事幸直，文材迂疏。仕学俱拙，愧君子儒。晚而勇退，山泽之臞。穿穴经传，辟彼蠹鱼。舒纸濡墨，敢曰著书。信心与手，聊用自娱。风雨晦冥，键户以居。人或不堪，我心则愉。"汪琬一心想做"君子儒"，为国效力。世事难料，汪琬最终选择"穿穴经传"，以学术经世。

汪琬《古今五服考异》八卷，撰成于康熙十二年（公元 1673 年），即其归隐期间。计东评价汪琬治学"务疏明经义，旁及先儒诸说，参稽异同，求其至当"，所著《古今五服考异》"综核精详，多宋元诸贤所未发"。汪琬对丧礼的考究，主要从经世的目的，纠正丧礼废坏的现象，达到"明经义"的效果。汪琬对自己的著述颇为自信，"舒纸濡墨，敢曰著书"。但朴学大师阎若璩从考据学的角度指出《古今五服考异》存在种种错误，由此两人展开针锋相对的论争，甚至顾炎武、黄宗羲等名宿也涉入其中，被誉为"清代礼学史上的第一次大论争"。论证的表面是学术的对错问题，其背后则体现的是治学方法的差异，汪琬一再告诫自己的弟子做学问应该昌明博大，以经术为宗，不应该沉溺于支离破碎的考据。

积重难返：科举之垂暮

博洽多闻：朱彝尊

> 朱彝尊（公元1629——1709年），字锡鬯，号竹垞，秀水人（浙江嘉兴），康熙十八年（公元1679年）举博学鸿词科。其诗文与王士禛并誉为"南朱北王"，《清史稿》称"当时王士禛工诗，汪琬工文，毛奇龄工考据，独彝尊兼有众长"。朱彝尊在经学、史地学、文学、金石学等领域皆有斩获，著有《经义考》、《曝书亭集》、《静志居诗话》等。

「朱彝尊」

朱彝尊出生于书香世家，其曾祖父朱国祚为明代礼部尚书兼文渊阁大学士，其祖母为内阁首辅徐阶之孙，其父朱茂晖博览群书，"诸子百家，靡不兼综"。朱彝尊从小受教于叔父朱茂皖，学习《春秋》《楚辞》及《文选》等，古文基础扎实。江浙地区人文荟萃，学者之间学术交流的机会较多，朱彝尊不仅有雄厚的家学底子，同时，与学界名流吴伟业、毛奇龄、徐乾学等学者的交流也对其帮助很大。

但是，朱彝尊没有像传统读书人一样，学而优则仕，而是专心于学问，从十七岁开始就放弃举业，游历四方，以读书交友为乐。朱彝尊早年游历地方很多，结交各种术业有专攻的学者，在岭南和著名学者屈大均及显宦曹溶的交往，使其诗文创作水平得到很大提高。还有曹溶喜好藏书，朱彝尊从曹溶那里学到很多有关版本学、金石学的知识。在陕西游幕时，朱彝尊遇到注重经世之学的顾炎武，顾炎武在音韵、考据方面很有成就，强调博学。朱彝尊与顾炎武在学术方面交流甚多，彼此都很佩服对方。经顾炎武的介绍，朱彝尊又认识了身在京城的学界大佬孙承泽，孙承泽精于收藏钟鼎器物，其博大的学术气象对朱彝尊影响很大。

康熙十八年（公元1679年），朱彝尊以布衣身份应举博学鸿词科，虽然在诗文考试中故意弄出破绽，仍被康熙帝以故学名士，列为一等，入翰林院，任职明史馆检讨，随后担任江南省乡试的主考官。朱彝尊由一介布衣华丽转身为翰林，并且参修《明史》，甚至后来又成为帝师，伴读左右。对朱彝尊而言，最快乐的、对其学问帮助最大的事情，当属在明史馆与其他命中博学鸿词科者进行学问探讨，还有与负责修订明史总裁官徐乾学的交流。徐乾学系清代大儒顾炎武的外甥，在治学方面深受其舅父的影响。徐乾学又官居显位，藏书甚富，尤多精本。朱彝尊以布衣身份命中博学鸿词科，又结识显贵及学问大家徐乾学，并与志趣相投的学者一起交流，因此受益很多。对于这种感受，朱彝尊在教育儿子时曾引用《礼记》中所言"独学而无友，则孤陋而寡闻"。实际上，这是对自己治学方法的一个总结。

朱彝尊深得康熙帝敬重，随后升迁为日讲起居注官，入值南书房，成为康熙帝的顾问。但朱彝尊向往是读书治学，并非是高官显宦。康熙三十一年（公元1691年），朱彝尊归故里，以治学著述为乐。

朱彝尊能做出这么大的学问，与其出身书香世家、善于交游有关，还与其善于藏书有很大关系。曝书亭藏书楼，藏书达数万卷，是朱彝尊一生读书、购书、校书、抄书及著述的有力见证。在藏书楼林立的江南，朱彝尊的曝书亭亦然是赫赫有名。

「《读书敏求记》」

朱彝尊为了治学需要，通过各种机会收藏图书，在北京任职时的俸禄大多用于买书。任职明史馆时，利用职务之便，抄录很多稀世珍本。更有意思的是，朱彝尊在江南省任主考官时，听说大藏书家钱曾有一本《读书敏求记》引用资料丰富，学术价值很高。朱彝尊很想看到这本书，但钱曾视为珍异，一直深藏不露，秘不示人，直接言说可能会遭到拒绝。

朱彝尊只好想另外的办法，既避免遭受拒绝的尴尬，又能顺利看到《读书敏求记》。一天，朱彝尊摆好宴席，邀请钱曾和当地名流前来赴宴，席间推杯换盏，赋诗作文，把钱曾喝得不亦说乎。朱彝尊趁势用重金买通钱曾的书僮，偷偷从书箱里取出《读书敏求记》，让事先安排好的抄手藏在密室中，连夜抄了个副本，又悄悄把原本放回箱子。由此，钱曾的《读书敏求记》

积重难返：科举之垂暮

才流布于世。朱彝尊这样痴迷爱书，已成为中国藏书史上的一段佳话。

朱彝尊以博学多识见长，在康熙年间博学鸿词科的特殊选拔中，以布衣高中一等。朱彝尊一生以读书、校书、抄书、著书为最大兴趣，与学界名流交游甚多，相互切磋中相得益彰。康熙三十八年（公元1699年），他在年逾七十时，撰成《经义考》，

「《经义考》」

可谓是其一生学术的经典积累。《经义考》上呈康熙帝后，深得康熙帝好评，亲自御笔题写"研经博物"四字匾额赐给朱彝尊。考据学大师毛奇龄称《经义考》"非博极群籍不能有此"，可以说是对朱彝尊的真实概括。

> 从博学鸿词科的被举荐者及所录取者而言，绝大分分布于长江流域各区域，无论是理学名士、文章大家抑或经世之臣，无论被举荐者是满怀喜悦的应考、心怀疑虑的被考或是借各种理由拒考，无论是应考者金榜题名或是名落孙山，这一切构成了长江流域科举史上的一个掠影。

孰不见一代醇儒施闰章、经术为宗汪琬、博洽多闻朱彝尊及独标神韵严绳孙等，从各方面展现了长江流域在清代初年的人文特色，撰成了质量上乘的《明史》、皇皇巨著《古今图书集成》等。

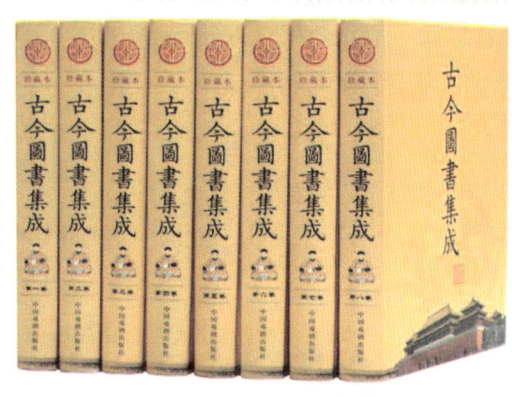

「《古今图书集成》」

荣耀当世的科举世家

> 清代选官制度和明代一样,非常重视进士出身。读书人只有通过应举才能为自己将来的发展找到一个好的平台,一个家族要想长盛不衰也是如此。每一个大的家族都有意识地培养子弟向举业努力,可谓"一士登甲科,九族光彩新"。

在经济文化发达的南方地区产生了众多科举世家,有的家族在一科中出现兄弟父子联榜,有的家族数代皆有科名,有的以学术见长,有的以显宦名世。诸如昆山徐乾学家族,在顺治、康熙年间就产生九位进士,其中包括一名状元、两名探花;四川丹棱彭氏则是兄弟同科,一门三进士。通江朱绍颜、朱舒、朱昱,是父子三人同中进士,得赐匾"秀夺眉山"。湖北蕲水陈氏从乾隆时期到清末,代代有科名。

一门三鼎甲——昆山徐氏

「徐乾学」

明清时期,昆山徐氏可谓是一个典型的科举世家,明代徐乾学的曾祖父徐应聘万历十一年(公元1583年)中进士,选庶吉士,喜好搜讨朝章典故。万历三十五年(公元1607年)升光禄少卿,曾著有《春王正月辩》、《友竹居诗集》。徐乾学的父亲徐开法为太学生,明代灭亡后,徐开法以疾病为由,拒绝应举,闭门教儿子读书为务,为人豪爽仗义,著有《漕政考要》。徐乾学的叔父徐开任在明代为诸生,入清后,放弃功名,以著书立说为务,著有《易经通论》、《礼经》及《六经通论》等书。清代初年,昆山徐氏迅速崛起,由科举世家成为江南望族,这一切源于徐乾学兄弟三人的科名及仕宦所就。

积重难返：科举之垂暮

> 徐乾学（公元1631—1694年），字原一，号健庵，又号东海，江苏昆山县人。徐乾学从小聪颖异常，八岁能写文章，十三岁读通五经，顺治十七年（公元1660年）中举，康熙九年（公元1670年）探花及第，曾任日讲起居注官、《明史》馆总裁、内阁大学士、刑部尚书等要职。

> 徐秉义（公元1633—1711年），字彦和，号果亭，康熙十二年（公元1673年）探花及第，官至吏部侍郎，著有《耘圃培林堂代言集》。徐秉义为人忠厚，"言论所及，为艺林所宗"，《清史列传》称其"文行兼优，实系当代伟人"。

> 徐元文（公元1634—1691年），字公肃，号立斋，少年时就有远大抱负，博览群书，顺治十一年（公元1654年）中举人，顺治十六年（公元1659年）状元及第。少年才俊，深得清世祖的喜爱。

有一次，徐元文随清世祖拜访一位高僧，世祖忽然问一些佛教的问题，他直言不讳自己没有学习过这方面的知识，世祖没有怪罪他，并且对随从人员说"此人大有见解，状元朕所亲拔，此朕一门生也"。历任陕西乡试主考官、国子监祭酒、内阁大学士兼礼部侍郎。康熙时期，曾监修《明史》，任江西按察使、左都御史、文华殿大学士等职。徐元文虽状元出身，但办事谨慎小心。

徐乾学兄弟三人在十几年的时间中相继状元、探花及第，这在中国科举史还是比较罕见的。清代杰出学者王士祯赞誉其"同胞三及第，前明三百年所未有也"。徐氏兄弟不仅在举业方面位列三甲，在为官、为学方面均可称道。而且其子

「徐元文」

侄辈在举业和仕途方面虽然没有前辈那么显要，仍是科第连连。徐乾学的五个儿子均为进士，号为五子登科。徐元文的两个儿子，一个为进士，一个为举人。徐秉义仅一个儿子，为诸生。这些子侄辈都是在康熙年间三十年左右的时间里，相继取得科名。

顺治、康熙年间，徐乾学家族共中九位进士、一位举人，这样使昆山徐氏从一个没落的、并不起眼的仕宦家庭，很快成为令人羡慕、令人向往的江南望族。对此盛况，清人王应奎为之感叹，"昆山巨族，在前明时，推戴、叶、王、顾、李五姓。追入本朝，而东海氏兄弟三人并中鼎甲，俱入座，子侄亦取次登第，一时贵盛甲天下，而前此五姓则少衰矣。邑人为之语曰：'带叶黄姑李，不如一个大荸荠。'以带音同戴，黄音近王，姑音转顾，荸音近徐，故俗谚云尔。"即昆山徐氏的快速崛起，令以前的世家大族都为之黯然失色。

在为官方面，徐氏兄弟都曾位至显要。徐乾学曾为内阁大学士、刑部尚书，徐元文曾为内阁大学士兼礼部侍郎，徐秉义官至吏部侍郎。在六部之中，徐氏兄弟曾占其三。康熙二十八年（公元1689年），徐乾学任刑部尚书、徐元文任户部尚书、徐秉义为文华殿大学士，兄弟三人权倾一朝，"时誉翕然归之"。

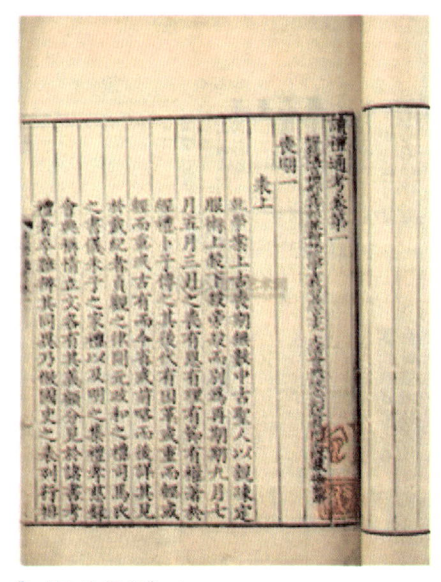

「《读礼通考》」

在为学方面，徐乾学曾著有《憺园文集》30余卷、《读礼通考》120卷、《碧山集》等，《读礼通考》被誉为"天地间必不可少之书也"；徐元文著有《含经堂集》，徐秉义著有《培林堂集》。由于徐氏兄弟学识渊博，兄弟三人曾相继任纂修《明史》、《大清一统志》的总裁。而且朝中诸如典章制度的变革，在众说纷纭的情况下，总会找徐氏兄弟进行裁断。

徐氏兄弟为何能在短时间内，骤然拔起，特立于江南科举世家之中，其原因是多方面的。

首先，文化世家，注重科第。从明代中后期开始，昆山徐氏便出现登第为官者，且多有著述，说明这个家族是一个书香门第，重视文

积重难返：科举之垂暮

化教育。到了徐开法这一代，虽然其他几个支系都具有功名，而徐开法没有中举，但其对儿子们管教非常严格，使他们从小都有一颗上进为学的心。

徐乾学给父亲徐开法所写的《行述》中言："本朝定鼎，府君绝意进取，惟课督乾学等焚膏继晷。乾学等咿唔丙夜，府君未尝先卧。选今古文辞，手自缮写，令乾学等诵习。乾学初操觚为文，一脱稿先呈府君，稍不当意，即加棰挞，不少宽贷。每赴小试，府君待棘门外，出即令诵试作，未甚纰缪即心喜，否则对众呵责。盖自乾学兄弟数龄以至成人，府君未尝暂离。"为了使儿子们有所出息，徐开法真是用心良苦，不仅亲自督课，且要求严格。在学习方面少有差错就会受到斥责，即便一个小型的考试，徐开法也要严阵以待，有这样严父时时刻刻的鞭策，徐氏兄弟自然在考试方面就会与众不同。

其次，勤于学问，善于藏书。徐乾学自少至老，只要有空余时间，手不离书。其所建的传是藏书楼藏书数万册，万斯同专门为其作《传是楼藏书歌》说："东海先生性爱书，胸中已贮万卷余。更向人间搜遗籍，直穷四库盈其庐。先生珍奇百不好，闻书即欲探其奥。故此网罗遍东南，犹复采访穷远道。"东海先生即徐乾学，言说徐乾学生性爱书，藏书甚富，经常寻觅珍本遍及东南一带。有关传是楼名字的来源，著名学者汪琬《传是楼记》记载，有一天徐乾学把儿子们都喊到藏书楼上，对他们训诫道："我曾感慨那些父母为子孙置办大量的田地、财宝、房屋传给子孙，但子孙们未必都能世代享用。我就以此为鉴，然而我能传递给你们的是什么呢，也就是这些书了。于是名其书楼为传是楼。"徐秉义的藏书楼名为"培林堂"，著有《培林堂书目》。徐元文的藏书楼名为"含经堂"，著有《含经堂书目》。大量的藏书对徐氏后人的举业非常有帮助，还有很多知名学者慕名而来，并展开相关的学问交流，对徐氏子弟的成长颇有裨益。

再者，他们母系一支影响甚大。昆山徐氏从明代中叶开始发迹，而徐乾学母亲的家族更是一个名副其实的书香世家。徐乾学的母亲是明末清初大学问家顾炎武的妹妹，顾氏在明代产生了许多进士、显宦，为昆山望族。徐乾学的母亲深受家门的影响，深知读书应举的重要性，当丈夫外出游学时，就在家里严教子弟。徐乾学给母亲写的《行述》中言母亲对他们兄弟管教甚严，所读书目必须会背诵，经常陪伴他们到深夜。如果遇到教书先生外出办事,母亲就亲自为他们授课,主要讲一些历史故事及古人如何做人的大道理。晚上,徐乾学兄弟三人睡在一个铺上,母亲会在窗外聆听,如果兄弟三人在谈道论学,母亲就很高兴,倘若听到他们在嬉闹玩耍,就会非常生气,甚至责罚他们。在顾氏的严格教育下,三子鼎甲,清人陈康祺称"国初至今将三百年,闺闱中尚无与比肩者"。

另外,徐乾学的舅舅顾炎武对其兄弟们的成长影响很大,《昆山县志》载徐乾学的学问"得舅氏顾炎武指授,柢根益深"。国学大师张舜徽先生在论析徐乾学的著述时,指出其治学理路,"皆与炎武为近"。还有徐氏兄弟的很多著述直接利用顾炎武的相关论点,更足以说明顾炎武在治学方面对徐氏兄弟的影响。

「彭端淑」

一门三进士——丹棱彭氏

清初,四川丹棱彭氏是一个人才辈出的家族,彭端淑、彭肇洙、彭遵泗三兄弟相继考中进士,在学问和仕宦方面均有一定的影响,被誉为"丹棱三彭"。

彭端淑(公元1699—1779年),字仪一,号乐斋,四川丹棱县人。雍正十一年(公元1733年)进士,历任吏部主事、吏部员外郎。彭端淑于乾隆二十六年(公元1761年)辞归故里,为锦江书院山长十四年,培养大批优秀学生,与李调元、张船山并誉为清代四川三大才子。著有《白鹤堂文稿》、《雪夜诗谈》、《白鹤堂晚年自订诗稿》、《白鹤堂时文稿》等。

彭肇洙(公元1699—?),字仲尹,与彭端淑为双胞胎兄弟,亦是雍正十一年(公元1733年)进士,历任刑部主事、户部主事、户部员外郎及河南道监察御史。著有《抚松亭稿》。彭肇洙关心国家大事,有《请靖遐荒疏》。

积重难返：科举之垂暮

> 彭遵泗（公元1703—1756年），字磐泉，号丹溪生，乾隆二年（公元1737年）进士，授翰林院庶吉士，历任兵部主事、兵部员外郎、黄州同知等。乾隆二十一年（公元1756年）辞归故里，因病卒于家。著有《蜀碧》、《丹溪遗稿》、《丹溪时文稿》、《丹棱县志》等。

彭氏三兄弟都是早慧型，且潜心学习，以文学见长，善为诗文，有著述传世，为官清廉、公正，卓有政绩。在科举竞争比较激烈的时代，彭氏兄弟拔立于世，在为学与为官方面，都做得很好，主要得益于两个方面。其一，长辈的影响。彭氏的父亲、叔父都是举人，在功名上对他们有一定的促进。其外祖父王庭诏为康熙九年（公元1670年）进士，颇具文采，著有《耕余集》，号称夹江名儒。董新策为康熙三十九年（公元1700年）进士，工于词，主讲锦江书院十余年。彭氏兄弟受教于王庭诏及董新策，得益匪浅。其二，彭氏兄弟之间的相互激励。彭氏兄弟都是从小喜好学习，且相互探讨问题。另外，从彭端淑写给子侄辈的经典诗文《为学》之内容，可见其对彭氏子弟教育之良苦用心。

「《为学》」

天下事有难易乎？为之，则难者亦易矣；不为，则易者亦难矣。人之为学有难易乎？学之，则难者亦易矣；不学，则易者亦难矣。

吾资之昏，不逮人也，吾材之庸，不逮人也；旦旦而学之，久而不怠焉，迄乎成，而亦不知其昏与庸也。吾资之聪，倍人也，吾材之敏，倍人也；屏弃而不用，其与昏与庸无以异也。圣人之道，卒于鲁也传之。然则昏庸聪敏之用，岂有常哉？

蜀之鄙有二僧，其一贫，其一富。贫者语于富者曰："吾欲之南海，何如？"

富者曰："子何恃而往？"

曰："吾一瓶一钵足矣。"

富者曰："吾数年来欲买舟而下，犹未能也。子何恃而往！"

越明年，贫者自南海还，以告富者。富者有惭色。

西蜀之去南海，不知几千里也，僧富者不能至而贫者至焉。人之立志，顾不如蜀鄙之僧哉？是故聪与敏，可恃而不可恃也；自恃其聪与敏而不学者，自败者也。昏与庸，可限而不可限也；不自限其昏与庸，而力学不倦者，自力者也。

《为学》一文被录入中学生的语文课本之中，成为中学生学习的典例。彭端淑主要辩证事物的难与易、人们资质的昏与聪以及坚持与放弃之间的关系，这实际上是彭端淑自己的治学的一种领悟和体会。再如其《懊恼词》："盛年懒读书，头白方知悔。千卷列我前，浩瀚同沧海。览之未盈篇，精气先已馁。……缺月无重轮，春华不再好。我才本就衰，人情方厌老。寄语后来人，慎勿歌懊恼。"亦是劝告年轻人应该珍惜时间，不要蹉跎岁月。《为学》与《懊恼词》也许是对彭氏兄弟能够获得成功的最好诠释。

百年望族——蕲水陈氏

蕲水陈氏从陈沆之祖父陈士珂起，科第连连，延续百余年，其中进士4位、举人4位。其家族成员，多有著述传世。尤其是陈沆为状元出身，为有清一代湖北仅有的三个状元之一。其诗文讲求独到，深得当时学者好评，被誉为"高奇华妙，卓然为一代大宗"。

「陈士珂《孔子家语疏证》」

陈士珂，陈沆之祖父，字琢轩，乾隆四十二年（公元1777年）举人，博学于文，善为经学，无意仕进，主要在家设馆教育子孙为务。著有《孔子家语疏证》十卷和《韩诗外传疏证》十卷。陈士珂系蕲水陈氏在清初取得功名之首，但其对当官无甚兴趣，主要是在家教育子孙。

积重难返：科举之垂暮

> 陈光诏，陈沆之父，字金门，乾隆四十四年（公元1779年）举人，曾为湖南长沙知县、武冈州知州，为官清正，颇有善政，编修《长沙县学宫志》。

> 陈沆（公元1785—1826年），原名学濂，字太初，号秋舫，室名简学斋。十二岁应童子试时，学使鲍桂星称其为天才，拔为头筹。嘉庆十八年（公元1813年）中举人，二十四年（公元1819年）获状元头衔。林则徐为该科的会试同考官，慧眼识才，使陈沆如愿得第。曾任四川道监察御史、广东学政、礼部会试同考官等职。著有《诗比兴笺》、《简学斋诗存》、《诗删》、《馆课赋》等。

陈沆五岁入私塾，聪明过人，八岁就能为文，谈吐语惊四座，深得长辈们的好评。十岁时，登上黄鹤楼，模仿古人为之题诗。"十岁歌诗满南国，今为壮夫犹篆刻"。陈沆十岁时的作品就流传很广，过了好多年还有人在模仿他的少年之作。因此，清代文学家吴嵩梁称陈沆的诗作，"少年摇笔吐长虹，人海莺花电扫空。万古居然回腕底，一魁曾不介胸中"。

陈澧，陈沆之弟，字大云，嘉庆二十一年（公元1816年）举于乡，嘉庆二十二年（公元1817年）中进士，授编修，曾任江南道监察御史。

「陈沆」

陈廷经（1804—1877），陈沆之子，原名鸿棨，字执甫，号小舫。道光二十四年（公元1844年）进士，任翰林院编修、内阁侍读学士，后调任山东、四川、山西、河南道监察御史，著有《梦迦叶山房诗赋》。作为御史，敢于直言，曾严辞弹劾陕西巡抚刘蓉泄露机密之事，最后使刘蓉降调革任，被誉为"铁面御史"。在学习洋务方面，陈廷经是比较早提出"师夷长技以制夷"之人。第二次鸦片战争后，鉴于海军的威力，陈廷经于同

「第二次鸦片战争」

治四年（公元1865年）就建议政府在广东虎门建造船厂，聘用外国技师讲授驾驶及使用火炮的技能，通过数年的研习，中国就可以自己改造、自行驾驶军舰，不必依靠外国，这样可以使中国的水师与外国船舰直接交火，只有海军强大，才不会受到外国的欺负。但是陈廷经的建议并没有受到朝廷的采纳。对于他的远见卓识，曾国藩、李鸿章等洋务大员还是比较佩服。陈廷经是陈氏家族中注重经世之学之人，在衰世之际，积极倡言变革，对于清代的军事、财政等方面多有良策。

陈沆的曾孙中有一进士、两举人。在百年之间，蕲水陈氏在科第方面取得成功，从一个书香之家转变为百年望族，被称为"科甲传百年，诗书泽后世"。一个家族的兴衰是多方面原因所致，对于蕲水陈氏的快速崛起，究其原委有二。

首先，良好的家教，陈沆一辈的成才应与良好的家教密不可分。陈沆三十岁时，曾回忆自己的成长过程，有"矜矜我先祖，岳岳人中师。恭承节母意，思以善自贻。孝友风薄俗，文章发天机。八孙同受书，爱我如有私。日受灌溉德，长成本不知。自从太邱亡，常恐先泽衰"。即陈沆的祖父曾专门在家里教授子孙读书，在众子孙中最喜欢陈沆，因为他"聪明过群季"，连和他一起读书的小伙伴都惊诧其太聪明。在祖父的孜孜不倦的教导下，陈沆的学问日进而不知，在祖父去世后，陈沆非常伤感，常常担忧先世的教诲会在子孙中慢慢淡化。

其次，良好的社会关系，是陈氏子弟成长的重要因素。陈沆系状元出身，在学问方面雄踞海内，并且为人谦逊、低调，这样很多学者、官员就愿意与陈氏往来。如晚清思想家魏源、龚自珍、包世臣、贺长龄等都与陈沆关系很好。魏源还是陈廷经的老师，应该说魏源的激进思想对陈廷经有很大影响，诸如魏源"师夷长技以制夷"的思想，在陈廷经身上就有很好体现。龚自珍、包世臣、贺长龄等学者，也是注重经世，这些人与陈氏往来较多，一定程度上使陈廷经的思想意识也是注重经世。

积重难返：科举之垂暮

每一个科举世家的产生，基本上都要经历一个较长的积累过程，通过数代人的不懈努力，才会科第连连。要达到这种效果，离不开家族雄厚的经济支撑，离不开对文化教育的重视以及族人的辛苦耕读，做到"父诫其子，妻勉其夫，人人勤学以自奋于功名"。还有，一个成功的科举家族往往在婚姻方面，也比较重视文化门第，像昆山徐乾学家族与顾炎武家族的婚姻就是如此。

人生百态的文学载述

产生于隋唐的科举选士制度，到了清代已发展到极致，在考试内容上承袭明代的八股取士，在考试程式上也是乡试、会试、殿试。因为清代在官员任命上，更重视出身，于明代相比有过之而无不及，怀着学而优则仕的读书人，都想考中一个进士，更甚者想获取状元。而长江流域所在区域因水运交通的便利，经济文化发达，人才辈出，科举的压力更大，著名思想家魏源屡次不第，51岁才考中进士，龚自珍亦是考数次才考中进士。尤其是江南一带，许多读书人孜孜以求而终生难得一第。

「魏源」

"十年窗下无人问，一举成名天下知"，应举的心理造就了士人对科举的不同心态，有渴望获取的，有淡定无谓的，有为之埋首苦读的，有潜心投机钻营的，人性百态，不一而足。

面对如此种种的科举众生相，清代的文人墨客在作品中予以淋漓尽致的展现。如吴敬梓的《儒林外史》以文学的笔法，虽把时代假托在明代，反映的却是现实，即把康雍乾盛世时期江南的科举画面尽情地展现出来，使世人在一定程度上可以再次穿越式地回到历史的现场。

从《儒林外史》所载内容而言，其所描绘的人物主要来自江苏、浙江及安徽，这些地区在清代属于科举大户。

「曹雪芹」

除《儒林外史》外，曹雪芹的《红楼梦》在一定层面上刻画了贾政、贾兰、贾宝玉、贾雨村等对科举的不同态度，曾朴《孽海花》形象地刻画扬州状元傅容之女对状元女婿的渴求，蒲松龄《聊斋志异》则形象描绘科举的种种不公等等。这些文学作品的作者亦是清代科举的场中人，吴敬梓家族在清初是有名的科举家族，有同胞五兄弟四中进士令人羡慕的科举业绩，但到吴敬梓父亲时已属于比较衰落，吴敬梓也深切体会到江南科举之兴衰。曾朴是中举人后，在进士科考试中因墨汁弄脏试卷而无缘进士。

文学作品在一定程度上是作者心路历程、人生境遇的体现，兹以《儒林外史》、《孽海花》、《聊斋志异》及《红楼梦》中所载，借以窥探江南士人面对科举的人生百态。

「蒲松龄」

科场投机，各显神通

江苏、浙江、安徽、江西等区域历来盛产进士、状元辈出，自然也是科举竞争激烈之地。有的人凭借实力获得科名，有的依靠投机骗取中第。清代科第投机主要表现在冒籍、夹带、小抄、替考等违规操作，这些与监考松懈有关，政府虽然屡次打击，然风气仍在。

由于江南地区文化教育水平较高，考生辈出，名额有限，竞争太激烈。加上而清代也是分区定额取士，江右、永嘉之地考生经常会冒籍到其他地区参加考试，类似今天的高考移民。康熙十六年（公元1667年）、康熙

积重难返：科举之垂暮

三十五年（公元 1696 年）顺天乡试冒籍案的考生均是来自浙江、江苏。吴敬梓《儒林外史》第三十二回中便有对冒籍例子的描述。

「《儒林外史》」

张俊民的小儿子要冒籍参加童生考，担心别人揭发，就让王胡子找显宦后裔杜少卿，并且许诺事成后一定会感谢王胡子。王胡子就去找杜少卿，见面之后，言道"小的还有话禀少爷。像臧三爷的廪是少爷替他补，公中看祠堂的房子是少爷盖，眼见得学院不日来考，又要寻少爷修理考棚。我家太老爷拿几千银子盖了考棚，白白便益众人，少爷就送一个人去考，众人谁敢不依？"杜少卿道："童生自会去考的，要我送怎的？"王胡子道："假使小的有儿子，少爷送去考，也没有人敢说？"杜少卿道："这也何消说！这学里秀才，未见得好似奴才！"王胡子见激将法奏效，接着道："后门口张二爷（张俊民），他那儿子读书，少爷何不叫他考一考？"杜少卿道："他可要考？"胡子道："他是个冒籍，不敢考。"杜少卿道："你和他说，叫他去考。若有廪生多话，你就向那廪生说，是我叫他去考的。"在杜少卿的关照下，张俊民的儿子果然冒籍成功。

张俊民的儿子冒籍命中，好赖是自己去考的，绍兴为官者金东崖更牛，为了让一字不识的儿子进学，直接找人替考。《儒林外史》十九回载：李四找潘三商量金东崖的儿子想找人替考，但主考管得太严，不好操作。潘三问道："他愿出多少银子？"李四道："绍兴的秀才，足足值一千两一个。他如今走小路，一半也要他五百两。只是眼下很难找到一个替考的人。又怎样使替考者进入考场？那替考的笔资多少？衙门里使费共是多少？剩下的你我怎样一个分法？"一看就知道李四是位替考的操作高手，一切程序了如指掌。潘三更狠，认为五百两太少，让李四不要再从里面分钱，从金东崖那里得点感谢钱就不错了。潘三接着道："你总不要管，替考的人也在我，衙门里打点也在我，你只叫他把五百两银子兑出来，封在当铺里，另外拿三十两银子给我做盘费，我总包他一个秀才。若不得进学？五百两一丝也不动。可妥当么？"一场赤裸裸地替考交易就这么谈妥了。李四回来赶紧找匡超人，匡超人道："我方才听见的。用着我，只好替考。但是我还是坐在外面做了文章传递，还是竟进去替他考？若要进去替他考，我竟没有这样的胆子。"从匡超人的言语中，便可知晓他也很熟识替考事情。于是，在潘三的运作下，浑水摸鱼，匡超人成功进入考场，替考成功。金东崖之子高高命中，匡超人获得二百两辛苦费。

《儒林外史》二十六回记载了向知府到安庆视察童生考试情况，向知府认为手下人到考场容易作弊不放心，就带着心腹人鲍文卿、鲍廷玺父子巡视考场。鲍氏父子来到考场，大开眼界，有代考的、有传答案的、有丢夹带的，无所不为。其间，一个考生要去厕所，走到考院土围墙跟前，三下五除二就把土墙弄了个洞，直接伸手到墙外接文章。鲍廷玺实在看不下去，就要抓他去见考官。还是父亲鲍文卿老练，急忙拦着，且说"小儿不知世事。相公，你一个正经读书人，快归号里去做文章，倘若太爷看见了，就不便了"。赶紧弄些土把洞补上。该科和向知府有同年之谊的季守备的儿子顺利获得头名，季守备赞许向知府取人"至公至明，合府无人不服"。向知府言道："而今的人，可谓江河日下。这些中进士、做翰林的，和他说到传道穷经，他便说迂而无当；和他说到通今博古，他便说杂而不精；究竟事君交友的所在，全然看不得。不如我这鲍朋友，他虽生意是贱业，倒颇颇多君子之行。"吴敬梓很形象地刻画了当时考场之混乱，以及借助向知府之口来描绘进士、翰林之状况。

举业功名，各得其是

在科举发展史上，清代应该属于晚期，科举选士的效果，其利其弊，众说纷纭。

文人墨客的文集、笔记处处闪烁着世人对举业不同看法，有的视举业为至宝，有的看功名如粪土。恰如《儒林外史》开篇所言"人生南北多歧路，将相神仙，也要凡人做。百代兴亡朝复暮，江风吹倒前朝树。功名富贵无凭据，费尽心情，总把流光误。浊酒三杯沉醉去，水流花谢知何处"。面对"朝为田舍郎，暮登天子堂"的科举，就像一颗酸葡萄一样，吃的人

积重难返：科举之垂暮

说酸，看的客说甜。

《儒林外史》第八回载南昌府王太守，对前太守之子嘉兴人蘧景玉说"将来，你科举考中，老先生正好可以享福了"。蘧景玉答道："老先生，人生贤与不贤，倒也不在科名，晚生只愿家君早归田里，以尽孝道，即使家里贫寒，也能使父母欢乐，这是人生最快乐的事。"蘧景玉认为贤与不贤不在科名，只要能和父母在一起就是一件很快乐的事情。在蘧景玉的影响下，他的儿子蘧公孙也不喜科举。

《儒林外史》第十四回言出身官宦之家的蘧公孙喜娶翰林鲁编修之女的事情。鲁编修很看重科举，其女儿受其影响不爱红妆爱举业，熟读四书五经，历次考试的范文及各省宗师的文章都烂熟于胸，善于为文章，无奈是个女子不能参加。鲁编修曾感叹要是个儿子的话，几十个进士、状元都考中了。鲁编修曾经和女儿谈说："八股文章若做得好，随你做什么东西，要诗就诗，要赋就赋，都是一鞭一条痕，一掴一掌血。若是八股文章欠讲究，任你做出什么来，都是邪说异端！"鲁小姐听了父亲的教导，梳妆台畔，刺绣床前，摆满了一部部的文章，但从不看诗赋。有这么有才的女儿，鲁编修想给女儿找一个有学问的女婿。在他人的引荐下看中了前南昌府太守的孙子蘧公孙，让他入赘鲁府。有一天，蘧公孙闲着无聊就顺手拿一本诗集拉着鲁小姐一起看，由于新婚，鲁小姐比较害羞，就硬着头皮一起看诗。第二天，鲁小姐看蘧公孙去书房了，实在忍不住，就写了题目"身修而后家齐"，让丫鬟拿着去请教蘧公孙，谁知蘧公孙一看不屑一顾，认为这是俗事。鲁小姐一看丈夫不喜举业，为此愁眉不展，闷闷不乐。母亲比较喜欢这个女婿，只好安慰女儿把希望寄托在下一代，好好把儿子培养成状元也行。后来果然生个大胖小子，鲁小姐从四岁就开始教小孩读四书。

鲁编修和鲁小姐这么热衷，其因在于清代对官吏的选拔非常看重是否为进士出身，倘若是状元，将来就更有机会飞黄腾达，位居显要。《儒林外史》第三十五回载南京读书人庄尚志12岁就能写下七千多字的赋，可到四十岁了，名满天下，却闭门读书为乐。因礼部侍郎的举荐到京城，到京城受到皇帝的接见，上了建议十策，同时写了个奏本希望皇帝让其归隐。许多人认为庄尚志接受皇帝的召见，前途无量。大学士太保公告诉徐侍郎自己想纳庄尚志为门生，徐侍郎把这个消息告诉庄尚志。庄尚志却言"世无孔子,不当为弟子之列,而且太保公屡次主持考试,弟子满天下,为何要取我这样一位山野之人",就这样拒绝了大学士。此信息传给大学士太保,太保不高兴。当皇帝要重用庄尚志时,询问太保的看法时。太保说庄尚志虽然有水平,但他不是进士出身,依祖宗的规定是不允许。皇帝也没有办法,只好赏赐五百两银子,赐给元武湖让其著书立说。

在《孽海花》中,扬州状元傅容的女儿就是这么看中状元,而且是对状元头衔有一种神经质的喜爱。书中第十四回载官宦世家出身的米筱亭娶扬州傅容傅状元的女儿,该女虽说不上美丽,眼睛也不大,但性情傲慢,一般男子都不值得她眼角一瞥。可能是状元的遗传性,热衷科名。自从嫁给米筱亭后,总是闷闷不乐,原因是米筱亭没有中举,不管学问有多高,即便学富五车,文倒三峡,也逃不过臭监生的徽号,很是看不起丈夫。起初不过是风言风语嘲笑丈夫,慢慢觉得不过瘾,开始动手教训丈夫。米筱亭碍着丈人面皮,凡事总让她几分。

米筱亭屡次参加科考,总是名落孙山,没有办法,想通过捐银弄个官当当算啦。谁知夫人一听,大哭大闹道:"傅氏门中,那里有监生姑爷?脸皮都给你丢完了。"警告米筱亭要是弄不了个状元,肯定没完。米筱亭毫无办法,只好专心应举,时运好转,终于通过乡试、会试,获得了科名。别人都替他高兴,但米筱亭却心里很忐忑,毕竟没有考中状元,也不知夫人来京城了怎么办。米筱亭手拿鸡毛帚亲自给夫人收拾房间,听说夫人已到京城傅状元家,手中的鸡毛帚不知觉掉在地上。

忽然间夫人在丫鬟的簇拥下带着四个孩子来到了,看太太还欢喜,米筱亭心里踏实一点。就漫不经意地问道:"刚才太太在那边,岳父说起我的考事没有?"太太冷冷的道:"谁提你来!"筱亭笑道:"太太常常望我中状元,不想倒真中了半天的状元。"太太一听这话,脸色慢慢变了,米筱亭解释自己本来考的第一,没有想到阅卷官进呈时把顺序弄错了,把自己的第一弄成了第十。夫人一听没有中状元,立刻呜呜哭起来,边哭边骂,"我只晓得三年的状元,那儿有半天的状元。"边哭便打,仆人乔妈一看又是老阵势,便说"怎么老爷连老规矩都忘了?"米筱亭道:"只求太太留个体面,让下官跪在后院里吧。"就这样米筱亭因没有中上状元只好在后院跪了一宿。

积重难返：科举之垂暮

曾朴在《孽海花》生动形象地描绘了傅状元之女的状元郎情结，使富有才华而未获取状元的米筱亭终日胆战心惊。毕竟要是拥有状元身份，翰林、显要便随之而来。

毕竟好者好,恶者恶。《红楼梦》中贾宝玉面对举业很是瞧不上眼，当林黛玉和他谈读书应举之事，贾宝玉觉得这些话真是不堪入耳，痛恨科举，称应举者为"禄蠹"。《儒林外史》第二十五回载南京士人倪霜峰"从二十岁上进学，到而今做了三十七年的秀才"，终于彻然大悟，认为自己的穷困潦倒，"就坏在读了这几句死书，拿不得轻，负不得重，一日穷似一日"，为养家糊口，只好靠"修补乐器"的手艺过活。这是到老才晓得不应该一门心思熬在举业上。

「《红楼梦》」

稗官野史所载其事实性虽不能与正史相媲美，但其表述均源自现实，吴敬梓、蒲松龄、曾朴、曹雪芹等人都是经历过科举，有的甚至屡败屡战，为此折腾数十年。有的原本就是科举世家的后人，亲身体会到江南举业竞争的残酷性，如范进中举式的悲喜录在生活中自然存在。面对科举，人生百态，展露无遗，恰如闲斋老人《儒林外史序》云："其书以功名富贵为一篇之骨：有心艳功名富贵而媚人下人者，有倚仗功名富贵而骄人傲人者，有假托无意功名富贵自以为高被人看破耻笑者，终乃以辞却功名富贵，品地最上一层，为中流砥柱。"

结语　泽惠后世：科举之遗响

从长江流域上千年的科举文化来看，各个区域的发展是不均衡的，这与当地的经济、文化、教育水平有关。江西、浙江、江苏、安徽属于盛产举子的省份，而其他省份相对薄弱。在分析长江流域的科举世家时，经常会发现一个家族的兴盛常常要经过几代人的努力，且基本上都是注重教育，以学问传家。恰如钱穆先生所言"一个大门第，决非全赖于外在之权势与财力，而能保泰持盈达于数百年之久；更非清虚与奢汰，所能使闺门雍睦，子弟循谨，维持此门户于不衰。当时极重家教门风，孝悌妇德，皆从两汉儒学传来。诗文艺术，皆有卓越之造诣；经史著述，亦灿然可观；品高德洁，堪称中国史上第一、第二流人物者，亦复多有"。

「钱穆」

历经一千三百多年的科举考试虽已成昨日黄花，但其经过上千年的实践考验，不断改进不断完善，在人才选拔、人才培养方面的经验、教训对后世还是有很大借鉴意义。

选贤任能

科举制的目的就是为朝廷、为国家选拔人才，诸如隋末唐初，像魏征、房玄龄等大批有才之士通过科举被选入朝廷，在一定程度上改变了魏晋南北朝时"上品无寒门，下品无世族"的现象，使许多寒门出身的士子得以脱颖而出。所以当唐太宗看见众多士子从考场出来时，喜悦地叹道："天下英雄尽入吾彀中矣"。通过唐初人

「魏征」

结语 惠泽后世：科举之遗响

才的有效选拔，为贞观之治、开元盛世的出现提供了极大的人才资源。

清代康熙年间，为吸引众多知识分子为朝廷服务，实行博学鸿词科考试。康熙帝要求三品以上在京官员，或者各州郡的官员，积极推荐人才，推荐不力者要受到一定的处罚。这样很快从全国各地举荐了两百位知名学者。为了让这些优秀的知识分子能安心考试，康熙帝下令从各方面给这些考生提供方便。考完后，康熙帝亲自阅卷，从中选拔五十位，绝大部分来自江苏、浙江、江西、安徽等长江流域省份，像朱彝尊、汪婉、尤侗、毛奇龄等都是非常知名的学者，

「《明史》」

为编纂《明史》搭建了一个优秀的写作班子。最后修成的《明史》成为二十四部官修正史中质量最好的一部。被录取为博学鸿词科的人员，一些还是布衣出身，后来在清廷中成为显要。该科是在不影响科举考试的前提下进行的特科，相对于东汉时期的举茂才。

这种以开放的心态选拔有才之人，对我们现代的选人制度带来很大启示，诸如习近平总书记曾指出"人才引进要有新思路、宽眼界、大举措，这就要有国际眼光，从全国范围、世界范围内吸引人才"，"还要营造尊重特点、鼓励创新、信任理解、宽容失败的良好环境，使浙江真正成为各类人才创新、创业的天堂和乐园"。

「《之江新语》」

注重公正

科举制从其产生起，就是奔着公开、公正的目标而来，对于纠正九品中正制的选官方法有很

大作用。但在实践过程中也出现了一些弊病,即考生在考前要向一些名流、贤达投递自己写的文章,所谓的行卷或温卷,在一定程度上影响了录取的公正性。于是,在宋代禁止考生考前进行这些活动,并且对考生试卷进行糊名及誊录制。后来,有的考生反映考官录取不公,宋太祖亲自在命题复试,即殿试,这样不仅有利于纠察考官判卷的失误,且提高了登第者的身份,由原来的座主门生,变成了天子门生。

「《清代冒籍研究》」

明清时期,在江苏、浙江、安徽、江西等地,由于本地考生的水平比较高,名额有限,竞争太激烈,少数考生就跨省进行考试,诸如到顺天府等考生相对少的区域进行考试,被称之为"冒籍"。冒籍在童试、乡试、会试中时有发生,严重影响到考试选才的公平性。清政府从道光二十三年(公元1843年)开始,真正实行乡试复试制,有利于查获冒籍、替考等作弊考生。同时,清政府采取严厉的措施打击冒籍者,诸如晚清状元张謇曾因"冒籍案"就有过牢狱之灾。

像目前我国的公务员考试,在面试时就应该采取异地考核,避免一些请托不良之风的产生。在加大力度打击"高考移民"的同时,应该考虑到教育的公正性,合理分配教育资源,减轻部分高考大省的升学压力。还有许多农村务工人员的子女,如果在父母打工的城市连续读了几年书应该允许其在当地考试,清代便有异地科举的成功做法。

「高考移民」

德才兼备

两汉时期选拔士人主要是通过察举,其中有贤良方正科、孝廉科、明经科等,是比较重视士人品德。汉武帝时期将察举专门归之为四科:德行、明经、明法、刚毅,强调德和才。由地方官员举荐有德行、有才能之人进

结语　惠泽后世：科举之遗响

入朝廷。东汉之举茂才，也是比较重视入选者的品德。魏晋南北朝时的九品中正制，所要考察之一是德行。这些制度在制定的初衷都是要选拔德才兼备之人，但这种完全依靠社会评价来选拔人才的方式，在实际执行过程中慢慢成为投机者们徇私舞弊的漏洞。诸如在举孝廉方面，东汉末年就产生一

「举孝廉」

些沽名钓誉之人，通过欺骗或造势的方式获得社会的好评，最终原形毕露时，给社会大众的心理会造成很大伤害，进而也会影响到这种制度的信誉度。而依靠地方郡守打分评价选人的九品中正制，不仅使考核沦为世族权贵们升迁的阶梯，还容易滋生腐败及暗箱操作。

「德才兼备」

为纠正这种弊病，从隋代开始，朝廷正式实行的科举制，通过考试的方式来选拔人才。如同许多学者所言科举制就是为了公平、公正，这种公平、公正是建立在试卷考试上，试卷上能体现的是才，而一个人的道德修养在试卷上是体现不出来的。而我们目前高考、公务员考试，在公开、公平、公正方面做的很到位，但怎么能完善这种单一考核模式，尽可能选拔出德才兼备之人，才是选才制度的终极目标。

主要参考文献

[1] 洪迈. 夷坚志. 北京：中华书局,1985.

[2] 黄留珠. 秦汉仕进制度. 西安：西北大学出版社,1985.

[3] 阎步克. 察举制度变迁史稿. 沈阳：辽宁大学出版社,1991.

[4] 徐阶. 少湖文集. 四库全书存目丛书集部80册. 济南：齐鲁书社,1997.

[5] 范金民. 明代江南进士甲天下及其原因. 明史研究. 第5辑,1997.

[6] 黄宝华. 黄庭坚评传. 南京：南京大学出版社,1998.

[7] 陶文鹏. 黄庭坚. 沈阳：春风文艺出版社,1999.

[8] 江庆柏. 明清苏南望族文化研究. 南京：南京师范大学出版社,1999.

[9] 吴仁安. 明清江南望族与社会经济文化. 上海：上海人民出版社,2001.

[10] 陈沆著,宋耐苦,何国民编校. 陈沆集. 武汉：湖北教育出版社,2002.

[11] 姜德成. 徐阶与嘉隆政治. 天津：天津古籍出版社,2002.

[12] 徐兆昺. 四明谈助. 宁波：宁波出版社,2003.

[13] 刘海峰,李兵. 中国科举史. 上海：东方出版中心,2004.

[14] 舒怀,罗逸群. 中国文化世家·荆楚卷. 武汉：湖北教育出版社,2004.

[15] 李才栋,曹涛主编. 中国文化世家·江右卷. 武汉：湖北教育出版社,2004.

[16] 叶梦珠. 阅世编. 北京：中华书局,2007.

[17] 罗念庵. 罗洪先集. 南京：凤凰出版社,2007.

[18] 祝尚书. 宋代科举与文学. 北京：中华书局,2008.

[19] 吴仁安. 明清江南著姓望族史. 北京：人民出版社,2009.

[20] 陆德文,陆铮编. 吴郡陆氏春秋. 上海：上海科学普及出版社,2009.

[21] 赖玉芹. 博学鸿儒与清初学术转变. 北京：中国社会科学出版社,2010.

[22] 郭皓正. 明代状元与文学. 济南：齐鲁书社,2010.

[23] 李剑雄. 焦竑评传. 南京：南京大学出版社,2011.

[24] 费正忠. 费宏年谱. 北京：线装书局,2011.

主要参考文献

[25] 衷海燕.儒学传承与社会实践——明清吉安府士绅研究.北京：世界图书北京出版公司,2012.

[26] 廖峰.嘉靖阁臣顾鼎臣研究.成都：巴蜀书社,2012.

[27] 樊树志.明代文人的命运.北京：中华书局,2013.

[28] 崔来廷.明清甲科世家研究.北京：知识产权出版社,2013.

[29] 石昌渝主编.中国文学通史第6卷.南京：江苏文艺出版社,2013.

[30] 钱茂伟.明代的科举家族：以宁波杨氏为中心的考察.北京：中华书局,2014.

[31] 华忱之.关于孟郊的生平及其创作.成都：四川大学学报.1957(2).

[32] 蔡全法.冯京墓志考释.中原文物.1987(4).

[33] 赵刚.康熙博学鸿词科与清初政治变迁.故宫博物院院刊.1993(1).

[34] 邵壁华.论陈子昂的失意与成功.山西师范大学学报.1993(4).

[35] 易宗礼.状元罗洪先绝意仕进探论.江西社会科学.1996(9).

[36] 刘海峰.科举取才中的南北地域之争.中国历史地理论丛.1997(1).

[37] 佘斯勇."两娶宰相女，三魁天下元"——咸宁历史名人冯京其人其事.咸宁师专学报.1997(1).

[38] 宁映霞.试论魏晋南朝选官重才渐胜于重德.河南大学学报.1999(4).

[39] 曹国庆.明代江西科第世家的崛起及其在地方上的作用——以铅山费氏为例.中国文化研究.1999(4).

[40] 薛亚军.追求与幻灭：晚唐士子科举心态的文化透视.黄河科技大学学报.2001(1).

[41] 苏茂盛.江西第一状元卢肇及其遗迹.南方文物.2002(1).

[42] 张若曦.汉代选官制度与试策文.河南大学2004届中国古代文学硕士学位论文.

[43] 孙炜."楚不用吴起而削乱"质疑.长江大学学报.2004(2).

[44] 邓小泉.唐代科举人才区域分布的教育因素.南都学坛.2004(4).

[45] 陈美林.试论吴敬梓的生活环境与《儒林外史》的地域特色.江苏社会科学.2004(6).

[46] 祝尚书.宋代科举与理学.社会科学研究.2005(3).

[47] 查屏球. 时风、家风与陈子昂风骨精神. 重庆师范大学学报. 2005(3).

[48] 滕雪慧. 汉代吴越人才分布特点及原因初探. 江苏教育学院学报. 2005(4).

[49] 文晓英. 焦竑研究. 南京师范大学 2005 届古代文学硕士学位论文.

[50] 李传玺. 合肥宋朝状元杨寘. 江淮时报. 2006 年 4 月 28 日第 7 版.

[51] 江增华. 清初历史文化视野中的施闰章. 上海师范大学 2007 届中国古代文学博士学位论文.

[52] 赖玉芹. 好古敏求, 以友辅学——朱彝尊学术交游论. 中南民族大学学报. 2007(1).

[53] 钱汉江. 罗洪先: 凄苦悲凉的杰出学者. 深圳商报. 2007 年 1 月 27 日.

[54] 陈寒鸣. 罗洪先的儒学思想及其生命精神. 中国哲学史. 2008(2).

[55] 隋金波. 黄震实学思想研究. 湘潭大学 2008 届哲学硕士学位论文.

[56] 吴菁菁. 北宋枢相生平事迹探讨. 四川师范大学 2008 届科学硕士学位论文.

[57] 马丽丽. 王应麟学术思想研究. 南开大学 2009 年中国古代史博士学位论文.

[58] 张三夕, 杨毅. 论王应麟的学术渊源. 浙江学刊. 2010(1).

[59] 曾枣庄. 文星璀璨的嘉祐二年贡举. 北京大学学报. 2010(1).

[60] 吕斌. 明代博学思潮与文论——以杨慎为例的考察. 文学评论. 2010(1).

[61] 王香梅. 汉代察举人才地域分布探略. 江西师范大学 2010 届中国古代史硕士学位论文.

[62] 诸葛忆兵. 论宋人落第诗. 文史哲. 2011(4).

[63] 王连旗. 北宋嘉祐二年进士研究. 河南大学 2011 届中国古代史博士论文.

[64] 韩蓉. 孟郊诗的流传与接受研究. 复旦大学 2012 届中国古代文学专业硕士学位论文.

[65] 文娟. 略论北宋太平兴国五年"龙虎榜"状元苏易简. 兰台世界. 2012(6).

[66] 黄应霞. 解缙文学研究. 湖北大学 2012 届中国古代文学专业硕士

学问论文.

[67] 李圣华. 阎若璩与汪琬礼学论争考述. 浙江师范大学学报.2012(4).

[68] 刘希伟. 清代顺天科举考试中的冒籍问题——一种关于"考试移民"的历史追溯. 中国考试.2012(11).

[69] 刘飙. 清代鄂东状元陈沆家世考述. 黄冈师范学院学报.2013(4).

[70] 李沈阳. 汉代易学人才的分布及其变动. 江汉论坛.2013(10).

[71] 李世珍. 明代江西状元研究. 南昌大学 2013 届中国古代史硕士学位论文.

[72] 梁姗姗. 从南北榜到定额取士——明代会试取士区域矛盾的合理解决. 贵州文史丛刊.2014(3).

[73] 蔡军. 黄震文学理论研究. 华东师范大学 2014 届中国古代文学硕士学位论文.

后 记

  在炎热的暑假中,书稿终于落成,看着相对粗糙的稿子,紧张的心理稍许有点放松,毕竟又完成了一项写作任务。

  非常感谢我的导师王玉德先生的信任和推荐,使我能忝列《长江文明之旅》丛书的著者之中,获得一次珍贵的学术学习和历练的机会。感谢责任编辑张老师及时的提醒及鼓励,促使这本书稿能够写成。感谢我的爱人张霞女士和我的学生林强伟、贺俊杰、金山等帮我审读书稿,尽可能减少了书稿中的差错。

  在撰写《长江流域的科举万象》一书的过程中,我深深地为长江人的聪明睿智所叹服,冯京能够连中三元,创造科举神话,昆山徐乾学三兄弟"一门三鼎甲",成为科举奇闻。同时,也被许多长江人数十年孜孜于科举的坚韧精神所感动,唐代江西人郑谷二十年间十多次千里迢迢奔赴长安应考,明代博学多才的焦竑五十岁才考中状元。还有众多屡战屡败与进士无缘的举子,如唐代才子罗邺、颇具诗名的任蕃、精通《春秋》的陆龟蒙,读之令人心酸。

  本书在写作过程中,力图从史料出发还原长江流域的科举状况,由于时间紧迫、能力有限,总有一种想写而写不完的感觉,出现顾此失彼的现象。笔者的写作意图有两个方面,其一,在空间上,主要描述长江流域的科举现象(诸如进士个体、科举世家),尽可能展现出各个区域的情况;其二,在时间上,从先秦到清末,尽可能关照到各个时间段。

  本书在写作过程中,参考和采用了一些资料、图片,因著述体例、篇幅及时间所限,未能一一注明征引,在此向被引用、参考的各位专家学者致以深深的谢意,敬请各位专家学者谅解。另外,由于本作者能力有限,对许多问题还理解不到位,一定会存在许多作者本人未能发觉的错谬之处,敬祈各位读者给予批评指正,谢谢!

  是为记。

朱志先
2018 年 8 月于双璧斋

图书在版编目（CIP）数据

科举万象 / 朱志先著. —武汉：长江出版社，2019.6（2023.1重印）
（长江文明之旅丛书. 人文历史篇）
ISBN 978-7-5492-6530-5

Ⅰ.①科… Ⅱ.①朱… Ⅲ.①长江流域—科举制度—介绍 Ⅳ.①D691.3

中国版本图书馆CIP数据核字（2019）第105335号

项目统筹：张　树
责任编辑：李卫星　苏密娅
封面设计：刘斯佳

科举万象

刘玉堂　王玉德　总主编　朱志先　著
出版发行：上海科学技术文献出版社
地　　址：上海市长乐路746号　200040
出版发行：长江出版社
地　　址：武汉市解放大道1863号　430010
经　　销：各地新华书店
印　　刷：中印南方印刷有限公司
规　　格：710mm×1000mm　1/16
印　　张：10.25
字　　数：140千字
版　　次：2019年6月第1版　2023年1月第2次印刷
书　　号：ISBN 978-7-5492-6530-5
定　　价：39.80元

（版权所有　翻版必究　印装有误　负责调换）